UNESCO & MUSEUM

ユネスコと博物館

はじめに

　2015年11月17日、第38回ユネスコ総会において、「ミュージアムとコレクションの保存活用、その多様性と社会における役割に関する勧告」が採択された。このユネスコの博物館に関する勧告は、ICOM（国際博物館会議）との綿密な連携の下に作成されたもので、ICOMが展開する事業の基本理念と整合し、ユネスコ及びICOMに加盟する各国は、この勧告の意義・趣旨を理解し、国内の博物館関係者に広く周知するとともに、具体的な政策に反映させるべく努力することが求められている。

　ユネスコが博物館に関する勧告を出すのは、1960年に第11回ユネスコ総会において採択された「博物館をあらゆる人に開放する最も有効な方法に関する勧告」以来55年ぶりのことで、我が国の博物館関係者にとっても極めて重要な文書である。折しも、同じ2015年6月にパリのユネスコ本部で開催されたICOM諮問会議において、我が国初のICOM京都大会の開催が決定したことから、ICOM日本委員会及び日本博物館協会としても、ユネスコで同勧告の取りまとめに中心的な役割を果たした林菜央氏の全面的な協力を得て同勧告の日本語訳を作成し、全国博物館長会議で配布したり、林菜央氏を招へいし、博物館関係学会と連携してワークショップを開催するなどして、広く文化政策・文化事業関係へ共有し、議論の喚起を図ってきた。

　ところが、博物館関係者から聞こえてきたのは、ユネスコという組織の存在は知っていても、そもそも「勧告」がどういう

役割を果たすのかわからない、国際機関の勧告が日本国内の博物館にどの程度影響を及ぼすのか不明である、という懐疑の念、もしくは自分たちには関係のない話ではないかという無関心の声であった。そもそも、日本国内ではユネスコについて述べた書籍やレポート等は散見されるが、ユネスコと博物館との関係に焦点を絞って記した類書は存在しない。そのことはICOMについても同様である。何とかできないものかと考えていたところ、林菜央氏から今回の勧告の取りまとめに至る一連の経緯や今後の課題等を一冊の書籍に残しておきたいという話があり、また、文教大学（当時）の井上由佳氏が1960年勧告の日本の博物館に与えた影響等について論じていたことから、ユネスコの基本的な組織・制度とともにこれらをまとめれば、博物館関係者の理解の一助になるのではないかと考えたのである。そこで、國學院大學教授の青木豊先生に相談し、日本の博物館学の現状と課題について玉稿を賜るとともに、筆者がICOMと日本の博物館の関係や日本の博物館政策の現状と課題、そしてICOM京都大会について拙文を掲載することで、国際的な視野から日本の博物館学や博物館政策について考察することができる専門書となるのではないかと考え、株式会社雄山閣の御協力により出版する運びとなったものである。

　本書の構成は、まず第1章でユネスコにおける遺産とミュージアムについて概論を述べ、次いで第2章で1960年ユネスコ博物館勧告と日本の博物館について概観する。そして第3章及び

第4章で本書の中核である2015年ユネスコ博物館勧告の採択の経緯及び成果と展望について述べる。ユネスコ担当官であった林菜央氏ならではの論考であり、博物館史の観点からも重要な内容を含んでいる。続いて国内に視野を向け、第5章では日本の博物館学の現状と課題について、第6章でICOMと日本の博物館や日本の博物館政策の現状と課題について述べた後、第7章でICOM京都大会の意義や内容について、将来的な課題も含め総括する。

　出版に当たっては、当の筆者がICOM京都大会の諸準備のために作業が遅延を重ね、他の執筆者に御迷惑をおかけすることになってしまったことに対し、この場を借りてお詫びを申し上げる。辛抱強く編集の任に当たっていただいた雄山閣の桑門智亜紀氏には、心から御礼を申し上げる次第である。

　　2019年9月のICOM京都大会の開催を機に、日本の博物館政策は大きく変革することが予想される。今や、日本の国内だけで諸制度や政策が決まる時代ではなく、博物館界においては必ずユネスコやICOMをはじめとする国際的な動向が大きな影響を及ぼす時代になっている。博物館学を学ぶ学生を含め、博物館関係者が本書を通じて少しでもそのための一助になれば、執筆者一同の喜びとするところである。

2019年9月

執筆者を代表して
栗原　祐司

Contents
目 次

はじめに　　　　　　　　　　　　　　　栗原祐司　i

Chapter 1

ユネスコにおける遺産とミュージアム　林　菜央　1

1　ユネスコ創設と「平和構築の手段」としての文化　3

2　1940 年代
　　―「文化財や文化施設の復興」の文脈の中でのミュージアム―　5

3　1950 年代―文化と人権―　6

4　1960 年代
　　―「世界の遺産」と国際キャンペーンの展開によるユネスコの知名度の上昇―　8

5　1970 年代―文化と開発の関係―　12

6　1980 年代―より広義・多様な文化の定義へ―　18

7　1990 年代
　　―カンボジア・ユーゴ紛争と世界的な文化多様性の認識の広がり―　21

8　2000 年代以降
　　―松浦事務局長による国際文化協力のための法的システムの確立―　25

Chapter 2

1960 年ユネスコ博物館勧告と日本の博物館
　　　　　　　　　　　　　　　　　　　井上由佳　35

1　1960 年ユネスコ博物館勧告の採択まで　37

2　1950 年代の日本の博物館の様子―ユネスコ刊行物より―　39

3　勧告採択後の日本の動き―勧告の影響はあったのか―　51

4　考 察
　　―なぜ日本に 1960 年ユネスコ博物館勧告は広まらなかったのか―　59

Chapter 3

2015 年ユネスコ博物館勧告採択の経緯

林　菜央　63

1　ユネスコの主要な法的文書で扱われるミュージアム　67

2　ユネスコ以外の国際法規文書とミュージアム　76

3　1960 年勧告から 2015 年勧告へ　77

4　2015 年勧告が採択されるまで　89

Chapter 4

2015 年ユネスコ博物館勧告の成果と展望

林　菜央　105

1　ユネスコハイレベルミュージアムフォーラムの
　立ち上げと第 1 回会合　107

2　各国の動き　113

3　この先に向けて　115

Chapter 5

日本の博物館学の現状と課題　青木　豊　111

1　日本の博物館学史　119

2　日本の博物館学の現状と課題　129

Chapter 6

ICOM と日本の博物館　　　栗原祐司　139

1　ICOM とは　140

2　ICOM において我が国が果たしてきた役割と現状　146

3　我が国の博物館政策の現状と課題　152

4　ICOM 大会の招致　161

Chapter 7

ICOM 京都大会に向けて　　　栗原祐司　173

1　ICOM 京都大会組織委員会の活動　174

2　二つのプレ会議　179

3　ユネスコ勧告と ICOM 日本委員会　183

4　ICOM 京都大会開催の意義　186

5　ポスト ICOM 京都大会の課題　198

Reference data

01 博物館をあらゆる人に開放する最も有効な方法に関する勧告
（1960 年ユネスコ博物館勧告）　201

02 ミュージアムとコレクションの保存活用、その多様性と社会における役割に関する勧告（2015 年ユネスコ博物館勧告）　206

03「アジアおよび太平洋地域博物館セミナー」最終勧告　219

04 ユネスコ・ICOM と日本の博物館についての略年表　224

05 ユネスコの略組織図　227

06 ICOM の略組織図　228

おわりに　229

Chapter 1
ユネスコにおける遺産とミュージアム

林 菜央 *Nao Hayashi*

ユネスコ本部（パリ）

Chaper 1　ユネスコにおける遺産とミュージアム

はじめに

　国際連合教育科学文化機関（ユネスコ）は、第二次世界大戦による荒廃からの復帰努力が始まって間もない 1946 年（昭和 21）に創設された。その際に採択された憲章（前文）[1] における、「戦争は人の心の中で生れるものであるから、人の心の中に平和のとりでを築かなければならない」という一文は、知っている方も多いのではなかろうか。当時と今日の世界情勢は大幅に異なっているとしても、このメッセージは、80 年近くが経とうとしている現在においてもなお、紛争をはじめさまざまな問題が絶えることなく、平和な世界の構築に立ちはだかる課題が山積していることから、今日的な意義を保っているように思う。

　本章では、主にユネスコの最高決定機関である全加盟国からなる総会で展開された議論[2] を時系列に沿って再現し、きわめて大まかではあるが、国際社会における文化、遺産、ミュージアム[3] の扱われ方についての概論とすることとしたい。なお、ユネスコは加盟国の集合体であり、行われる議論はその時代における各国の政治的な思惑や目的が強く反映されていることにご留意いただきたい。

　とはいえこの 1 章で、戦後から現在に至る時期、「文化」に総称される多種多様な要素が、どのような社会背景、歴史背景の中で認識され、国際政治の中で扱われてきたのか、全般的に分析することは非常に難しい。また、世界レベルで文化に関わってきたのはユネスコだけではなく、各国が独自に展開する二国間や地域援助による文化活動にも大きな潮流と成果がある。筆者がそのすべてを把握しているとは言いがたい。

　脱植民地化、産業化、冷戦とその終結、ミレニアム、新しい

イスラム主義の台頭、IT革命と、歴史の流れがユネスコ加盟国である世界のほとんどの国々に異なる影響を与え、異なる文化へのアプローチがいまだに続行している。この章を起点として、新しい具体的な研究や論点が生まれ、より詳細な考察につながることを期待している。

　また、ミュージアムに関する議論は、可動文化財にとどまらず、ユネスコ加盟国の文化、特に遺産に対する全体的認識の中で行われているので、本章では遺産や文化に関する全体的な議論の中で浮かび上がるミュージアムを捉えてみたいと思っている。

1　ユネスコ創設と「平和構築の手段」としての文化

　文化が世界平和を達成するために重要な要素であるとユネスコ憲章の起草者及び採択に関わった国々が考えていたことは、「文化の広い普及と正義・自由・平和のための人類の教育とは、人間の尊厳に欠くことのできないものである」と憲章の導入部分早くに記述されていることからもわかる。また、ユネスコの目的および任務（第1条）として、「この機関の目的は、国際連合憲章が世界の諸人民に対して人種、性、言語又は宗教の差別なく確認している正義、法の支配、人権及び基本的自由に対する普遍的な尊重を助長するために教育、科学及び文化を通じて諸国民の間の協力を促進することによって、平和及び安全に貢献することである」と述べ、さらにこの目的を達成するための手段として挙げられる3項のうちC項で、「世界の遺産である図書、芸術作品並びに歴史及び科学の記念物の保存及び保護を確保し、且つ、関係諸国民に対して必要な国際条約を勧告する

Chaper 1　ユネスコにおける遺産とミュージアム

こと。教育、科学及び文化の分野で活動している人々との国際的交換並びに出版物、芸術的及び科学的に意義のある物その他の参考資料の交換を含む知的活動のすべての部門における諸国民の間の協力を奨励すること」が挙げられている。

　ユネスコ憲章に掲げられた目標を達する手段として、芸術作品及び科学に関する物品の保存と一般市民への紹介、さまざまな文化の流通伝播によって国家間の相互理解を深めることが不可欠であるとの認識がここに述べられている。また、すでに文化物・自然物ともにミュージアムに収められているコレクション[4]が「世界の遺産」として認識され、またそれらの保存保護が重要であるのみならず、それらの分野で活動する人的資源の交流も等しく推奨すべき事項として挙げられている。

　このくだりを読む限り、今日では「遺産」といえばただちに世界遺産との関連で思い浮かべられる不動文化財よりも、当時はミュージアムに収められた可動文化財が主要な関心を集めていたようにも受け取られる。ユネスコ創設の機運は、第二次世界大戦中の 1942 年に開催された連合国による会議によって高まったが、創設に寄与した国々は主に西ヨーロッパやアメリカであった。また初期の総会資料などを読むと、第二次世界大戦の負の遺産として、ナチスドイツによる芸術品の押収、その他戦渦に巻き込まれた地域にあったミュージアムのコレクションなど文化財の破壊・流出問題が重く認識されていたからではないかと考えられる。

2 1940 年代
―「文化財や文化施設の復興」の文脈の中でのミュージアム―

1946 年の第 1 回ユネスコ総会の記録では、文化に関連する議論の導入部で、「あらゆる図書館とミュージアムの社会的・教育的な役割」について考えねばならないと述べられている。当時創設されたばかりのユネスコにはすでに、図書館とミュージアムを担当する部署（Libraries and Museums Section）があった。

(1)戦争被害からの復興

ユネスコの以後の活動の指針を示した点で重要である第 1 回総会の議論によれば、例えばブラジル代表が、散逸したコレクションを元の場所に送還することを目的とした国際条約の必要性、重要な建造物及び芸術施設の破壊が戦争犯罪であると認められる条件につき検討が必要と発言する等、終戦直後明らかになってきた文化財の破壊・散逸状況に対する危惧が反映されている。また教育のためにミュージアムが果たす役割、可動文化財保護に関する国際的な枠組みの必要性などがすでに加盟国に明確に意識されていたことが読み取れる。ユネスコは、政府や関係諸機関の活動を調整して、戦禍で被害を受けたコレクションの復旧と建造物の保護を推進すること、まずは図書館、ミュージアム、公文書館に関連して破壊された物品についての調査を推奨し報告書を準備して目録に記載すべき項目を特定すること、などが議論されている。また、建造物、遺跡、コレクションの保護に関する業務は恒常的なものであるべきで、火災、水害、市民蜂起なども被害要因であるゆえ、戦争被害を受

けたものには限定されないとも言っている。

(2)相互交流のためのミュージアム

第1回総会の最終報告は、当時の世界では「地球規模のコミュニケーションが可能になった時代であるからこそ、文化も地球規模で受け止められることが可能になった」としつつ、「全人類が相互理解を深めるために必要な、ゆえにユネスコが対処すべき障壁」は、「図書館、ミュージアム、文学や創造的芸術に関しても存在している」と述べている[5]。そこには、図書館やミュージアムが、一般市民にはアクセスしにくいものであるという懸念がうかがわれる。

(3)不動産遺産・史跡についての認識

40年代の総会決議を通じて、史跡や遺跡などの不動遺産に関する記述はまだ少ないが、1947・48年の総会で、考古学者の遺跡へのアクセスを保証するための方策が議論され、1949年には、歴史的な価値を持つ建造物と遺跡の保存のための国際的な専門家の会合および保存修復を行うための国際基金の立ち上げの可能性につき総会に報告するよう要請している。

3　1950年代—文化と人権—

1950年の総会決議案の前文には、1945年に採択された世界人権宣言[6]の、万人が「共同体の文化的生活に参加し、芸術を享受し、科学的進歩とその恩恵を分け合う自由」という一文がユネスコの任務に関連して言及されている。また1951年、日本は西ドイツなどとともにユネスコへの加盟を果たした。この

時点で国際連合そのものにまだ加盟していなかったため、専門機関であるユネスコへの加盟が日本の国際復帰の第一歩となった。一方、1954年にはソビエト連邦がユネスコに加盟し、以後戦勝国と元枢軸国のみならず、共産圏もユネスコの活動圏に含まれることになった。

　1955年のバンドン会議を経て、50年代にはアジアやアラブの国々がユネスコ加盟国のほぼ半数を占めることとなり、「東西文化価値の相互評価」という広域プロジェクトが1957年初頭から1966年まで10年間遂行されることとなった。冷戦時代において、文化的協力を政治的対立とは一線を画した国際相互理解の機動力としようとした試みであるといえ[7]、1958年の総会記録にみられるように、全加盟国に対しミュージアムを含めた諸施設においてプログラムを遂行することが要請されている。

(1) 加盟国間・ミュージアムの間での協力

　1950年の活動計画では、ドイツとその他の国のミュージアムの情報交換、ドイツのミュージアムの青少年・青年教育への参加を奨励することなどが提案されている。1951年11月、ユネスコは「地域、国内、国際的に、ミュージアムの教育における役割と教育担当者の広範な協力を啓発することの重要性」を認識し、ミュージアムにおける教育に関する会議をICOMと共催して、翌年行う地域セミナーについての準備を行った[8]。1952年秋、ブルックリン（アメリカ）で第1回地域セミナー、1954年にはアテネ（ギリシア）で第2回地域セミナーが行われた。1958年9月にはリオデジャネイロ（ブラジル）で開催された第3回地域セミナー[9]で、ユネスコはミュージアムが所蔵品を

Chaper1　ユネスコにおける遺産とミュージアム

一般市民に紹介するにあたって最も有益な手段である教育活動を推進すべきであると主張されている（報告書前文）。

(2)国際法規文書の整備

　1950年、建造物及びミュージアムの保存およびユネスコが監督する国際基金に使用される観光税を制定するための国際条約を採択する可能性、1951年には普遍的関心に値するミュージアム、建造物およびコレクションを維持するための国際条約あるいは国際基金設立の可能性、戦時下での建造物、コレクション及びその他の文化財の保護のための国際条約の草案の提出などが決議され、国際的な枠組み作りへの意欲が感じられる。1956年総会では、「考古学上の発掘に適用される国際的原則に関する勧告」[10] も採択された。本書にとって重要なことであるが、同じく1956年に、1960年に採択される、「博物館をあらゆる人に開放する最も有効な方法に関する勧告」起草に関して、ミュージアムを多数擁し入場料も無料であることが多い国においてすら、ミュージアムを訪れる人は観覧料を払って映画を見に行く観客の200人の1人にも満たないという事実を嘆き、あらゆる社会階層の人々、特に勤労階級の市民が、人間の美と文化を追求する軌跡を示す過去の貴重な物品に自由にアクセスできる最も効果的な方法について、ICOMと共同で調査を行い執行委員会に提出するべきこと、と決議されている。

4　1960年代
—「世界の遺産」と国際キャンペーンの展開によるユネスコの知名度の上昇—

　1960年、ユネスコの加盟国は99カ国となった。60年代前半

は、ユネスコの国際的な知名度を飛躍的に高めることになった
ヌビア遺跡救済キャンペーンをはじめとする記念碑的な活動が
立ち上げられた。ユネスコ発足から20年目となった1966年に
は、「国際的文化協力についての原則についての宣言」[11]が採択
され、それぞれの文化の尊厳と価値を前提とし、市民の自らの
文化を育てる権利と義務、あらゆる文化は、その豊かさと多様
性に鑑みて、人類すべての共有の遺産であるというメッセージ
が述べられている。

(1)芸術作品の伝播

　1960年には、以前から進行中の世界の芸術の傑作について
の知識を広めることを目的として、フランスの当時の文化大
臣アンドレ・マルローの著書『想像博物館』[12]に触発されたユ
ネスコ世界芸術シリーズ「複製絵画カラーカタログ」の刊行が
宣言される。

(2)ミュージアム全般

　1960年、加盟国に対し、ミュージアムを扱う国内協会を設
立し、ミュージアムを「教育文化に関する中心的組織として発
展せしめること」が推奨され、また1962年の総会決議にみられ
るように、科学教育におけるミュージアムの重要性が深く認識
されている。1960年代の総会ではまた、ミュージアムを記録、
研究、保存と文化的活動の中心として発達させるべきであると
いう傾向がみられ、初めてミュージアムを中心的主題として
扱った「博物館をあらゆる人に開放する最も有効な方法に関す
る勧告」（以下、1960年勧告と略す）が採択された[13]。1962年の総

会でナイジェリア政府との協力により、熱帯アフリカのミュージアムの人材育成のために地域訓練センターを設けることを決定するなど、アフリカ諸国への援助に関する言及が多くみられる。また脱植民地化の機運を反映してか、1962年には巡回展「芸術と著述」「平和と反植民地主義芸術」の準備が行われていたことがわかる。

(3)国際遺産保護キャンペーンのはじまり

1960年、エジプトのアスワンハイダム建設によって危機に瀕していたヌビアの文化財、特にアブシンベル神殿の移築を含む保存修復キャンペーンが始まった。このキャンペーンは、エジプトとスーダンという第三世界の2カ国にまたがる「人類の歴史の最も崇高な記念物のひとつを構成する建造物と遺跡」が、開発のため危機に瀕していることを、国際社会が取り組むべき課題として取り上げた画期的なものであり、当事者であるエジプトが前年1959年、ユネスコを通じてほかの加盟国にこの事業への援助を要請したことから始まった。多くの加盟国が積極的な援助の支援を表明し、3,000万ドルを超える義援金が集められた。これは「全人類の文化遺産の一部を構成するヌビアの過去の遺物が未来の世代に愛され、守られていくこと」を緊急に保証するための行為と形容されており、のちの世界遺産条約の概念の先駆とも言えるであろう。フランスの文化大臣マルローは、1960年春の執行委員会中の答申と思われる文書[14]のなかで、国際紛争が絶えない中、「どの国にも帰属しない」ある文明の結晶を、世界の国々が力を合わせて救おうとする「未曽有の試み」とこのキャンペーンを形容している。

1960年のヌビア救済キャンペーンに関するリポートで、「アラブ共和国」（エジプトが当時使用していた国名）の代表は、ユネスコによる考古学発掘に適用される国際基準に即し、国際援助と引き換えに外国の調査隊に対し、少なくとも発掘物の半数（例外的な価値のあるものはのぞく）を譲渡することを認めていること、エジプトのミュージアムと、いくつかの寺院の収蔵庫にある数点の芸術作品の譲渡、それらの領土外への移動、ヌビア以外のエジプトの国土の一部における発掘の許可などについて認めていることは興味深い。当時の法制度に基づき、スーダン政府も領土における発掘による出土した遺物の半数の国外移動を認めていることもわかる。

1964年には、洪水被害を受けたフィレンツェとベニスの文化財の修復のためにヌビアと類似の国際協力を要請することが記録されている。

（4）脱植民地化、地域研究、地域援助

アジア、アフリカ研究の奨励や、アフリカの新加盟国の文化の保全や研究への取り組み、またアフリカ諸国におけるミュージアム及びその他の文化センターを設立することの重要性が加盟国の総意として1960年の決議などに明記されている。

（5）国際法規

1960年、前述のミュージアムに関する勧告が採択され、1962年には規定に沿って27カ国が勧告の執行に関する報告書を提出している。1962年には、「風光の美と特性の保護に関する勧告」[15] も採択された。

Chaper 1　ユネスコにおける遺産とミュージアム

　1964 年、ヌビアキャンペーンの成功を背景に、工業化、都市開発等によって人類の文化遺産への脅威が増大するという認識のもと、人類の文化遺産と認められる建造物のため国際的保護システムを設立する可能性が検討されている。また 1968 年の総会決議は、不法な発掘行為は過去の文化を理解するための科学的検証を妨げるゆえ、そのような行為によって市場に出回った物品の購入は禁止されるべきと警鐘を鳴らしている。

　1968 年の決議案では、ヨルダン王国代表が多数の同意者とともに、エルサレム旧市街に関する懸念を表明し、特に占領下における神殿の丘（ハラム＝アル・シャリフ）のアル＝アクサ・モスク周辺のイスラエルによる違法発掘について厳しく非難している。2014 年から、筆者はこの神殿の丘にある文化財の修復事業の責任者となったが、プロジェクトの遂行において、多くの困難に直面した。

5　1970 年代—文化と開発の関係—

　世界遺産条約が採択された 1972 年は、ユネスコにとって創設からひとつの節目になった年であると思われる。この頃、1967 年から始まった第一次インティファーダなど、激化するイスラエル・パレスティナ問題、中国の文化大革命、インドシナ動乱などが続いており、70 年代前半は、特定の文化を抑圧し、民族的不和をあおるような政策、弾圧を行う国家についての懸念、大衆文化の過度な浸透による伝統的文化の消滅や弱体化への憂慮が濃く影を落としている。1972 年の全体決議で、ユネスコは植民地主義、人種差別主義、抑圧や征服に対して思想と行動によって戦い、人本主義（人間らしさの尊重）を追求す

5 1970年代

る機関として、各国の文化の尊厳と、独自の特徴を十分に考慮し、進歩と刷新のための活動を続けていくこと、また、人間は開発の源泉であり、その執行者でありその帰結であることも表明された。

　1970年にヴェニス（イタリア）、1972年にヘルシンキ（フィンランド）で、文化政策に関する政府間会議が開催され、国際社会に対し、人民が文化に関する権利を十分に享受するための義務を公的機関が果たすべきであるという認識を強める努力を行った。1972年には、46年からユネスコの職員であり62年から二期にわたって事務局長を務めたフランスのルネ・マウー氏が任期を終え、後任としてセネガル出身のアマドゥーマタール・ムボウ氏が6年の任期で選出された。

（1）文化的開発

　70年代の議論を通じて、文化の定義の認識が変化しているように感じられる。例えば1978年の総会決議の冒頭[16]で、「我々は、思想、芸術的表現、伝統、生活習慣における内在的価値を包含するものとしての文化の中に、個人と共同体の進歩に不可欠な無数の条件の総体をみる」とあり、40年代、50年代の戦後復興・復旧中心の取り組み、60年代の遺産、ミュージアム、芸術作品、市民の文化へのアクセスといったテーマ別のアプローチが、脱植民地化、中東やインドシナでの紛争など大きな流れを背景に、民族や国家の歴史的なルーツと密接に結びついている不動産（遺跡、建造物、景観、歴史的都市）や動産（可動文化財）に加え、文化的特異性・多様性及び人間の開発の前提条件として、文化が取り上げられるようになってきた観がある。

1970 年の決議案では文化に対する包括的アプローチが加盟国に対して顕著に求められ、変容する社会、通信技術が文化的開発に果たす役割、開発途上国において失われ行く文化の保全、文化の「民主化」などの用語から、文化が高い教育を受けた一部の階層のものであるという現実を変えねばならないという認識があったことを思わせる。前述のフランスの文化大臣マルローの著作のタイトルでもある『想像博物館』構想に多くのインスピレーションを受けているであろう、芸術作品の彩色複製コピーやそれを集めたカタログの刊行は、70 年代半ばまで続く一大事業となった。同じ頃、マルローが歴史に残る演説を行い、多くのユネスコ加盟国の賛同を得て世界的なニュースとして注目されたヌビア救済キャンペーンが、その規模の大きさ、技術性、またエジプト文明といういわばナポレオン遠征にさかのぼるヨーロッパの長い植民地的アプローチを端緒とする大事業として行われた。両者は、表裏一体の関係である気がする。

　1970 年総会決議から、文化プログラムは「文化の研究、開発と伝播」および「文化遺産の保全と発展」という二項目に分かれるが、1970 年にあらわれた、社会経済の発展の中に「文化的開発」を組み込むべきであるという考え方に注目したい。2010 年代前半、筆者も文化局の官房メンバーとして参加した、2030 年国際開発アジェンダ[17] に文化を組み込もうというユネスコの運動も、ここに端緒があったと思う。

　1970 年代にはヨーロッパ（72 年）、アジア（73 年）およびアフリカ（75 年）など、地域別の文化政策に関する会議の開催計画が盛んであった。1972 年の決議では、今後 10 年のアフリカの

口頭伝承と言語のための計画を採択し、ニアメイ（ニジェール）にある言語伝承センターへの援助、その他のアフリカの地域に類似のセンターを設立することなどを決定し、無形文化に関する面でも大きく前進した。

1972年の決議にみられるように、開発援助における技術の譲渡は、途上国の自助努力を援け、独自の必要と希望を満たすための条件として、人材・能力開発が不可欠と強調されている一方、1978年の決議にみられるように、文化的アイデンティティーを主張することは、閉鎖的社会を称揚することではなく、文化間の相互評価と理解の基礎となるものであり、文化の普遍性とは、さまざまな人間の共同体がもたらす特異性と多様性によってたつ特殊性をもって成り立つものであると述べ、文化の平等性が主張されている。

(2) ミュージアム

この頃、ジョス（ナイジェリア）、メキシコシティー（メキシコ）、ニューデリー（インド）、バグダッド（イラク）に、それぞれ地域文化遺産訓練センターが設立されたほか、1970年には、ミュージアムにとって最も重要な国際条約である「文化財の不法な輸入、輸出及び所有権譲渡の禁止及び防止の手段に関する条約」[18]が、1978年には「可動文化財の保護のための勧告」[19]が採択され、ミュージアムが可動文化財の保護について果たす役割や義務について規定している。

1972年、現在でもなおその成果が引用されることの多いチリのサンティアゴでのミュージアム会合「ラテンアメリカにおける今日のミュージアムの役割」[20]で、サンティアゴ・デ・チ

Chaper 1　ユネスコにおける遺産とミュージアム

レ宣言が採択され、ミュージアムの社会的役割に関する評価が高まった。1978年の決議では、ミュージアムにおける文化遺産の保存と紹介事業に社会のさまざまなグループやカテゴリーの人々を関わらせることが期待されている。

　アフリカでは、政府間機関であるアフリカ・モール文化機関（ICAM）との協力によりミュージアムを活性化する活動を行うこと、1978年にユネスコの貢献により、アフリカミュージアム・建造物・史跡機構を設立することが記録されている[21]。

（3）文化遺産

　ボロブドゥール（インドネシア）、モヘンジョ＝ダロ（パキスタン）およびフィラエ（エジプト）の保全のための国際援助、ヴェニスとフィレンツェ（イタリア）への援助の続行を初め、1972年にはバーミヤン（アフガニスタン）、タブカとボスラ（シリア）、1974年にはカトマンズ渓谷（ネパール）、カルタゴの考古遺跡（チュニジア）、アジャンタの壁画（インド）への国際的援助、1976年には大気汚染と過去の修復作業のため荒廃したギリシアのアクロポリス遺跡の保全も要請されている。1976年にはフェズのメディナ（モロッコ）、ヘラト（アフガニスタン）、グアテマラの建築遺跡、エチオピア、ケニア、タンザニア、ウガンダの文化遺産、スコータイ（タイ）の保全と紹介など、多くの加盟国からの同種の要請が報告されている。1978年には、サンフランシスコ・デ・リマの複合建築物（ペルー）、ハイチの文化財、歴史的建造物と史跡（マルタ）、グアラニーのイエズス会遺産（アルゼンチン）、ゴレ島の建築遺産（セネガル）、フエの建造物（ベトナム）、文化三角地帯の建造物と遺跡（スリランカ）、モーリタニア

16

の諸史跡および膨大な古文書に関する援助が提案されている。

1978年にはアスワンにヌビア救済キャンペーンで出土した発掘品をおさめるミュージアムを設立し、またカイロ（エジプト）に新しい国立のミュージアムを設立したいとする政府の意思が表明され、ユネスコが事務局を務めるヌビアキャンペーンの実行委員会は、以後この2つの新しいプロジェクトを監督することが決定された。

（4）紛争と文化財

70年代は、エルサレム問題を筆頭とする複数の紛争がユネスコにおける議論に大きな影響を与えているが、1972年の決議案では、「紛争下における文化財への破壊行為の影響は人類全体が蒙るものである、なぜならば一国の文化・自然遺産は人間と環境の継続的な関わりの産物であり、その命そのものであるからである」と述べられている。また、インドシナにおける紛争によって多数の人命が失われ、関係した国々の文化遺産や歴史的遺跡や建造物の破壊が憂慮すべき事態として議論された。総会は、ユネスコは文化財の略奪や破壊行為に対して、加盟国国民の総意として、これらの行為への反対を国際社会に対し表明するべきであると宣言している。

（5）文化財の返還

脱植民地化と文化アイデンティティに関する議論の成熟とともに、特に1976年には植民地政策や他国の占領によって失われた芸術品の返還に関する議論が盛んに行われた。1975年秋、アクラで政府間会議が行われ、関係する国民にとって精神的価

値を持つ物品や文化財の返還を可能にする二国間の措置の推進、またマスメディア、教育文化機関の協力によって、文化財の所有国への返還に至るような気運を生む方策が求められている。一方、不法取引に関する1970年条約の批准国は1978年の時点で41カ国と少数にとどまっており、またこの条約の締結事項は批准以前には遡及執行が不可能であるため、条約の枠組みの外で議論を行う目的で、「文化財の原保有国への返還促進政府間委員会」の創設が決定された。

(6)研究活動・各地域への援助

60年代に盛んになった地域ごとの研究出版・援助事業は、70年代も活発に続いている。1974年にはアジアの歴史的なムスリム都市の研究、東南アジアの開発プロセス、マレー文化や大洋文化の研究への支援、アラブ文化とアフリカ・アジア文化との結びつきについての研究、アラブ世界の現代芸術家の作品の出版などを決議している。この頃は、1978年にドミニカ共和国にカリブ海文化に関する、マルタに地中海文化に関する文化センターの設立、イランのイスファハンにイスラム比較文化センターの設立への援助など、地域支援活動が目立つ。

6　1980年代
―より広義・多様な文化の定義へ―

1980年の決議案にみられる1984年から4年間の中期計画によると、脱植民地化や産業化に伴って各国の文化的アイデンティティーを確保することの重要性が主張される一方、排他主義への懸念からか、文化間の対話、相互理解が同様に重要であ

ると述べられている。文化アイデンティティーの平等な尊重が強調されたのは、固有の文化が近代化の妨げであるという根強い議論に反対する姿勢をあらわしていたのではないかと思う。1984年には米国が、ユネスコの経営状態と、ソ連や第三世界に比重を置きすぎるとする「政治的偏向」を理由に脱退した（2003年に復帰、2017年に再び脱退）。また1987年総会で、スペインのフェデリコ・マイヨール氏が事務局長に選出され、多くの超域的プログラムというべき活動を展開した。

（1）文化と開発政策

　1980年には、包括的開発と新しい経済秩序における文化の重要性が言及されている。また、文化遺産と文化的アイデンティティーの関係についてより深い考察を行うことによって、精神的価値を含む広義の遺産についての構想を立ち上げることや、世界的な移民動向など現代的問題への対処が必要となりつつあることが認識されている。1980年には、文化産業は固有文化の発展に最も重要な要素のひとつであるゆえ、創造的産業の担い手の役割が強化されねばならないとして、「芸術家の地位に関する勧告」[22]が採択された。文化的開発とはすなわち多くの人々が創造と自己実現という意味で文化生活に参加することであり、したがって文化が構成要素として、また最終目的として組み込まれるような開発戦略の練成と適用が主張されている。

　1982年、メキシコシティーで文化政策に関する世界会議[23]が行われ、この年の総会決議では文化的アイデンティティは個人の、また集団的人格の生ける核心であり、また、文化多様性

の保全は、ライフスタイルの標準化が進む傾向の中で不可欠であること、文化的民主主義を達成するため、マイノリティや最も恵まれないカテゴリーの人々が文化的な権利を行使できるような環境を整えるべきことが主張される。

(2)世界遺産

　1980年総会では、ハヴァナのビエハ広場（キューバ）、シバムの建築遺産（イエメン）、カッパドキアとイスタンブール（トルコ）、パハルプール・ビハラ等の遺跡（バングラデシュ）、サナアの歴史都市（イエメン）などが資金があれば新しく国際援助の対象となること、またレバノンのティロス考古学遺跡が特別保護の対象となることが記録されている。一方1987年には、国際的救済キャンペーンについては一時新規の立ち上げを保留し、これに関する政策文書を加盟国と共有することが決定された。

(3)ミュージアム

　1983年の決議で可動文化財の保全と紹介のためのインフラを強化すること、ミュージアムを共同体の生活の一部とするような取り組みを奨励すること、保存技術を向上させるための研究を促進するためにも可動・不動文化財の目録作りが奨励されること、コミュニケーション、教育、また文化的、経済的、社会的開発に関するミュージアムの科学的・今日的任務を強調することでミュージアムの発展を推進することなどが言及されている。

(4) 無形遺産

　文化アイデンティティーや、開発と文化の関係の文脈で文化の再定義が図られつつあった中、80 年代には無形遺産に対する関心がさらに高まった。1984 年の決議で、無形文化遺産の研究と保存のための方法論の必要性が述べられ、初めて工芸、言語、口頭伝承など無形の遺産のための活動が導入された。1987 年には「非物質的な遺産（non-physical heritage）」の保全に関する 10 年計画の策定が決議され、1989 年には「伝統的文化及び民間伝承の保護に関する勧告」[24]が採択されている。

(5) 文化財の不法取引

　1970 年の文化財不法取引条約が、採択から 13 年経ても 52 カ国にしか批准されていないことが危機的状況として認識され、1984 年には条約の枠外で地域内での合意をさらに推進して域内での不法取引を抑止すること、不法取引の被害を受けている加盟国に、自国の遺産の目録作成作業を行うよう強く推奨すること、不法取引の対象である文化財に関して、いかなる真贋証明、評価や保存作業も提供されることのないよう、努力を求めている。

7　1990 年代
―カンボジア・ユーゴ紛争と世界的な文化多様性の認識の広がり―

　90 年代は、カンボジアにおける紛争後の文化的再興、旧ユーゴスラビア紛争による文化財への被害への対処アピールに加え、無形文化に関する活動の強化に大きな前進があったほか、文化と開発についての 70 年代からの活動の総括として、96 年

Chaper 1　ユネスコにおける遺産とミュージアム

には世界リポートが刊行された。

　1999 年の総会で 1987 年から二期務めたマイヨール事務局長の任期終了に伴い、松浦晃一郎氏が新事務局長に任命された。

（1）文化と開発

　1996 年に文化と開発に関する世界委員会の報告書「我々の想像的多様性」（Our Creative Diversity）[25] と名づけられたリポートを刊行、1982 年の文化政策に関するメキシコシティでの世界会議、開発政策全体に文化的な生活へのアクセスが盛り込まれることを目指した「世界の文化的開発に関する 10 年（1988-1997）」[26] の執行、開発のための文化政策に関する政府間会議[27]の成果を総括し、21 世紀のユネスコの文化に関する活動の構想が始まったといってよい。

（2）世界遺産

　1991 年の決議では、旧ユーゴスラビア紛争で世界遺産に登録されていたドゥブロヴニク旧市街（クロアチア）が破壊された状況もあって、世界遺産条約を核とする現行の保護システムは、紛争、社会経済状態の変化、技術能力の不足などにより十分に機能していないことが認識されている。また同年、カンボジアでの和平協議がなったことを背景に、アンコール遺跡の保全について、遺跡保全のためのメカニズムの立ち上げ、マスタープラン作成などが提案されている。1993 年にはアンコールを世界遺産と同時に危機遺産として登録することへの同意が表明され、この年 10 月、日本とフランスが協力して開催した政府間会議において、現在まで日仏が共同議長を務め、

年2回の会合を行うアンコール遺跡国際調整委員会が設立された。同年、シエムリアップのアンコール修復オフィスとプノンペン国立博物館の所蔵物の目録作成のための緊急援助、アンコール歴史地区の水利資源マネージメントのためのマスタープラン作成の開始などが報告されている。

1997年の決議で、特にアフリカにおける世界遺産への登録の増加を目指して、暫定リスト作成と登録の援助を行う旨の言及がある。

(3)紛争と文化的復興

1991年の総会では、旧ユーゴスラビア紛争において、特にドゥブロヴニクの旧市街からの戦力の撤退を訴える決議、ユーゴスラビアの自然文化遺産に関するアピールが行われた。1995年、文化の無形構成要素 intangible component（口頭伝承、慣習、言語、音楽、舞踊、舞台芸術）は文化的アイデンティティーの根幹を成すものでありながら、紛争によって大きく脅かされているという認識が示されている。

(4)ミュージアム

1991年の決議で、ミュージアムの開発はそのコミュニケーション、教育、社会文化的発展に関する科学的任務と役割をより大きくするために行われるべきであり、1993年の総会では、文化間の対話と理解の場としての重要性、1997年の決議では専門家や一般市民、特に若い人々の有形無形遺産についての意識の向上に貢献するミュージアムの参画を求めている。1991年の決議案では、1978年に世界遺産に認定されたセネガルの

ゴレ島に、社会文化複合センターとして記念ミュージアム、黒人貿易と 14〜19 世紀の大西洋の歴史に関する国際研究センターから構成されるメモリアルを建設する件、1997 年、ハイチにおいても奴隷制に関するミュージアムを設立するための援助が言及されている。

(5)無形遺産

1991 年の決議をみると、伝統的口承文化や非言語文化的表現など「非物質的文化」の保存の奨励と、ユネスコがこの分野での情報センターとなっていくこと、1997 年には「生ける文化（Living cultures）」の促進、口頭無形遺産の特定と保全の必要性から、「人類の口承遺産」と宣言されるにふさわしい庶民的、伝統的な文化的表現の恒常的な場あるいは形態を指定することなどが決定されている。

(6)広域・超域プロジェクト

3 回にわたる国際探検隊が派遣され、数百人の研究者が動員され 23 の会議が開催されたシルクロード研究、1991 年からの「二つの世界の邂逅 500 周年記念」プログラム、1994 年には 400 年間続いた大西洋とインド洋の奴隷貿易の歴史的禍根について振り返る「奴隷の道」（The Slave Route）プロジェクトが始まり、1995 年にはサマルカンドに中央アジア 5 カ国を対象とする中央アジア研究国際研究所が設立された。

8 2000年代以降
─松浦事務局長による国際文化協力のための法的システムの確立─

2000年代、ユネスコは松浦事務局長主導により、複数の新しい国際法規文書の採択にこぎつけ、文化を包括的に国際協力システムの中に組み込むことに成功したと思う。また、タリバンによる大仏破壊、アフガニスタンやイラクにおける国立博物館の被害など、文化財への紛争の影響が大きく世界に認識され始めた時期でもあった。

(1)新しい国際法規文書

2001年総会では、「文化的多様性に関する世界宣言」[28]が採択され、「文化とは、特定の社会または社会集団に特有の、精神的、物質的、知的、感情的特徴をあわせたものであり、また、文化とは、芸術・文学だけではなく、生活様式、共生の方法、価値感、伝統及び信仰も含むものであることを再確認し、文化は、アイデンティティー、社会的結束、知識に基づく経済の発展という問題に関する今日の議論において、核心となっていることに留意し」と、現在まで続く文化の包括的定義を行っている。2001年にはアフガニスタンでの大仏破壊を受け、続く2003年の総会で、「文化遺産の意図的破壊に関する宣言」を採択するよう要請、また2003年総会で無形文化遺産保護条約の採択が行われ、長く有形遺産を主要に扱ってきたユネスコの国際法規システムが無形文化の保護をカバーできるようになった。世界遺産などで登録案件の少ないアフリカ、太平洋諸国などにとっては、無形文化遺産保護条約の採択は非常に重要で

あった。2005 年にはさらに、「文化的表現の多様性の保護及び促進に関する条約」が採択され、現代社会における文化創造産業に対する援助を担うこととなった。

2015 年には、1960 年勧告以来 55 年ぶりとなるミュージアムを中心的主題として扱った「ミュージアムとコレクションの保存活用、その多様性と社会における役割に関する勧告」[29]（第3・4章で詳述）が採択された。

（2）紛争と文化遺産

2000 年代前半は、イラク及びアフガニスタンにおける文化遺産の損失が大きなニュースとなった。イラクのバグダッド国立博物館は 1926 年に設立され、シュメール、アッシリア、バビロニアなどの文明やイスラム文化に関する 7,000 年にわたる歴史上貴重な美術品を所蔵していたが、1990 年から 91 年の湾岸戦争ののち 2000 年まで閉館、2003 年 3 月に武力紛争が始まると 4 月に略奪を受け、多くのコレクションが散逸した。博物館によれば、5,000 点の円筒印章を含む 15,000 点が行方不明になったが、このうち 2015 年には 28％強にあたる 4,300 点が戻ってきたという。2003 年に博物館が再び閉鎖されてから、イラク当局とユネスコは国際支援を調整し、特に日本のユネスコ信託基金を通して国立博物館スタッフへの専門教育支援を行った。

歴史的にみれば、戦争に際しての文化財の破壊略奪は古代から行われていたことではあるが、2001 年のタリバン勢力によるバーミヤンの大仏破壊は、その後起こったさまざまな文化遺産への意図的な破壊行為が世界の市民に認識された最初の大き

な例であったといえるのではないかと思う。シルクロードの十字路に位置し、東西文化の重要な出会いの場であったアフガニスタンの文化遺産は、アケメネス朝ペルシア、アレクサンドロス大王時代のギリシア、仏教やヒンドゥ教、イスラム教の影響を受けた貴重なものであるが、長引く武力紛争と貧困、破壊行為により多くの文化遺産が喪失してしまっている。大仏の破壊のみならず、カブールの国立博物館の彫像コレクションの破壊、貨幣コレクションの盗難など、大きな被害を蒙った。ユネスコはアフガニスタンでも、特に日本の信託基金による大仏の壁がんの安定化、イタリア信託基金によるガズニ市の東にあるイスラム・前イスラム美術の博物館の建物と、タパ・サルダール仏教遺跡から出土した物品の保存[30]、職員の訓練、国際会議の開催、複数加盟国の援助による国立博物館の建物やコレクション物の目録作成援助[31] などを現在まで継続して行っている。

（3）人材開発事業

　筆者は2007～2017年まで専属でユネスコのミュージアムプログラムを担当したが、活動としては加盟国への人材育成支援が非常に重要であった。ユネスコの50以上の地域オフィスとの連携事業のほか、特にローマの文化財保全と修復研究国際センター（ICCROM）のコレクション課との協力で、2007～2010年まで、開発途上国におけるミュージアムコレクションの予防保存[32] のため、アフリカ、南米などフィールドにおける人材開発事業と調査を行った結果をまとめ、複数の訓練マニュアルなどを作成した。2011年にICCROMと共同で行っ

た調査では、136 カ国、1490 のミュージアム施設から回答を得たが、そのうち 25％がコレクションの移動に関する台帳、accession 台帳、物品の場所コード、メインカタログを持っていないあるいはアップデートを行っていないことが判明し、危機的な状況であるとわかった。この状況を改善するため、オンラインで使用できる収蔵庫と目録整備のためのガイダンス（RE-ORG）[33] を立ち上げた。また、サブサハラ・アフリカのミュージアムに対する包括援助[34] を日本信託基金の出資で実施した（2012-2013 年）。

イラクやアフガニスタンの例は上記に述べたが、2010 年代の初頭から、ミュージアムを含む文化遺産が紛争において意図的な破壊の対象、あるいは巻き添えの被害を受ける事例が増え始めた。「アラブの春」に始まったるエジプト、シリア、イエメンなどアラブ諸国での例、またマリのトンブクトゥの例などである。

紛争下においては、現地における文化財救出のオペレーションは国際的な委任があり、かつ十分な安全上の対策がなければ不可能であり、実際的には外部者が執行できることは稀である。よってユネスコは、当該国にすでに持っているネットワークや、第三国の協力を活用し、文化遺産やミュージアムに対する損害を最小限にとどめる努力を行ってきた。紛争下にある国のスタッフを国外に招き、リスク対策、緊急目録作成などを中心の訓練を行い、ICCROM と共同で、緊急時におけるコレクションの救出についてのマニュアル[35] を作成し、日本語訳[36] も京都国立博物館の協力を得て出版した。

この問題は専門機関であるユネスコを越え、国連本部のレ

ベルでも文化遺産の保護に関する数件の決議案が可決され、イラクとシリアの文化財の流出と不法取引を防止する 2015 年 2 月の決議案 2199[37] のモニタリングをユネスコが担当している。

そのほかのプロジェクトとしては、ノルウェーの出資によるグルジア[38]とウクライナ[39]での野外博物館に対する支援及びエルサレムのハラム＝アル・シャリフにあるイスラム古文書修復センターへの支援[40]（2012-2017 年）、同イスラム博物館の再生プロジェクト[41]（2012 年から開始、治安問題により現在一時停止）、スペインの出資でシリアの国立博物館とエジプトのアスワン博物館を招いて、双方のコレクションを文明間の交流の観点から発見しなおす展示のプロジェクト[42]（2011 年）、ユネスコ日本信託基金の出資でメコン三国（カンボジア、ラオス、ベトナム）の 6 つの世界遺産付属の 9 カ所のミュージアムの協働[43]で、アンコール、プリアヴィヒア、ワットプー、タンロン城砦、ホー城址、ミソン遺跡の間の歴史的つながりを、建築要素や出土品の図像的要素、宗教や焼き物の伝播、その他を通して展示物にし、関連の教育プログラム（2011-2015 年）を実施した。このプログラムの成功を受けて、2018 年秋からマレーシアとフィリピンで同種のプロジェクトを続行することになっている。イラン[44]、ガボン[45]、カンボジア[46]では特に国立博物館に対する目録の改善のための職業訓練をいずれも 2017 年に実施した。

（4）文化と開発、2030 年開発アジェンダへ

筆者は 2013 年、文化局次長の要請によりミュージアム業務

Chaper 1 ユネスコにおける遺産とミュージアム

との兼務で、中国・杭州市での文化と開発に関する国際会議[47]の運営および国連事務総長が発行する科学と文化の国際開発目標への貢献に関するリポート[48]の作成の調整を行うこととなった。これらを中心とする活動により、2030年に向けての新国際開発目標[49]では、文化に直接関係したいくつかの項目（11.4 文化・自然遺産の保全、16.4 文化財などを含む盗難資産の回復の強化）を最終的に導入することが可能となった。

註

1　文部科学省HP「国際連合教育科学文化機関憲章（ユネスコ憲章）」（http://www.mext.go.jp/unesco/009/001.htm）。本文中の憲章日本語訳は、すべて文部科学省による和訳を使用する。

2　総会決議は、すべて下記HPで参照できる。UNESCO HP「Resolutions of the General Conference」（http://portal.unesco.org/en/ev.php-URL_ID=31281&URL_DO=DO_TOPIC&URL_SECTION=201.html#1）

3　本稿および第3章・第4章では、博物館・美術館などの総称として「ミュージアム」を用いる。

4　本稿および第3章・第4章では、収集品、収蔵品、展示物などを総称して「コレクション」を用い、その定義は、2015年ユネスコ勧告による「コレクション」の定義に準ずる。

5　UNESCO HP「（Records of the）General Conference, first session, held at UNESCO House, Paris from 20 November to 10 December 1946（including Resolutions）」p.221（https://unesdoc.unesco.org/ark:/48223/pf0000114580）

6　外務省HP「世界人権宣言」（https://www.mofa.go.jp/mofaj/gaiko/udhr/1b_001.html）

7　Laura Elizabeth Wong, Relocating East and West: UNESCO's Major Project on the Mutual Appreciation of Eastern and Western Cultural Values in *Journal of World History*, Volume 19, Number 3, September 2008, pp.349-374.

8　UNESCO HP「Report of the rapporteur（Joint UNESCO/ICOM Meeting of Experts on Museums and Education）」（http://unesdoc.unesco.org/images/0012/001271/127198eb.pdf）

9　UNESCO HP「UNESCO Regional Seminar on the Educational Rôle of

Museums, Rio de Janeiro, Brazil, 7-30 September, 1958: report」(http://unesdoc. unesco.org/images/0006/000644/064490Eo.pdf)

10 文部科学省 HP「考古学上の発掘に適用される国際的原則に関する勧告」(http://www.mext.go.jp/unesco/009/1387048.htm)

11 UNESCO HP「Declaration of Principles of International Cultural Co-operation」(http://portal.unesco.org/en/ev.php-URL_ID=13147&URL_DO=DO_TOPIC&URL_SECTION=201.html)

12 Malreaux A. *Musée imaginaire*, 1947

13 文部科学省 HP「博物館をあらゆる人に開放する最も有効な方法に関する勧告」(http://www.mext.go.jp/unesco/009/1387063.htm)

14 フランス国民議会 HP「Discours prononcé à Paris le 8 mars 1960 en réponse à l'appel de l'Unesco」(http://www.assemblee-nationale.fr/histoire/andre-malraux/discours_politique_culture/monuments_egypte.asp)

15 文部科学省 HP「風光の美と特性の保護に関する勧告」(http://portal.unesco.org/en/ev.php-URL_ID=13067&URL_DO=DO_TOPIC&URL_SECTION=201.html)

16 UNESCO HP「Records of the General Conference, 20th session, Paris, 24 October to 28 November 1978, v. 1: Resolutions」p.78 (https://unesdoc.unesco.org/ark:/48223/pf0000114032)

17 2030 年国際開発アジェンダは、2015 年の「国連持続可能な開発サミット」で採択された行動計画。国際連合 HP「Sustainable Development Goals」(https://sustainabledevelopment.un.org/?menu=1300)

18 文部科学省 HP「文化財の不法な輸入、輸出及び所有権譲渡の禁止及び防の手段に関する条約」(http://www.mext.go.jp/unesco/009/003/010.pdf)

19 文部科学省 HP「可動文化財の保護のための勧告」(http://www.mext.go.jp/unesco/009/004/024.pdf)

20 UNESCO HP「The Role of museums in today's Latin America」(http://unesdoc.unesco.org/images/0012/001273/127362eo.pdf)

21 前掲註 16、p.91

22 文部科学省 HP「芸術家の地位に関する勧告」(http://www.mext.go.jp/unesco/009/004/025.pdf)

23 UNESCO HP「World Conference on Cultural Policies: final report」(http://unesdoc.unesco.org/images/0005/000525/052505eo.pdf)

24 文部科学省 HP「伝統的文化及び民間伝承の保護に関する勧告」(http://

www.mext.go.jp/unesco/009/1387467.htm）

25　UNESCO HP「Our creative diversity: report of the World Commission on Culture and Development; summary version」（http://unesdoc.unesco.org/images/0010/001055/105586e.pdf）

26　UNESCO HP「World Decade for Cultural Development, 1988-1997: Plan of Action」（http://unesdoc.unesco.org/images/0008/000852/085291EB.pdf）

27　UNESCO HP「Intergovernmental Conference on Cultural Policies for Development: final report」（http://unesdoc.unesco.org/images/0011/001139/113935eo.pdf）

28　文部科学省 HP「文化的多様性に関する世界宣言」（http://www.mext.go.jp/b_menu/shingi/bunka/gijiroku/019/04120201/001/008.htm）

29　日本博物館協会 HP ICOM 日本委員会訳 UNESCO「ミュージアムとコレクションの保存活用、その多様性と社会における役割に関する勧告」（https://www.j-muse.or.jp/02program/pdf/UNESCO_RECOMMENDATION_JPN.pdf）

30　UNESCO HP「The Museums of Ghazni, Afghanistan」（http://www.unesco.org/new/en/culture/themes/museums/museum-projects/archive/the-museums-of-ghazni-afghanistan/）

31　UNESCO HP「The Rebirth of the National Museum of Afghanistan」（http://www.unesco.org/new/en/culture/themes/museums/museum-projects/archive/the-rebirth-of-the-national-museum-of-afghanistan/#c167645）

32　UNESCO HP「UNESCO-ICCROM Partnership for the Preventive Conservation of Endangered Museum Collections in Developing Countries（2007-2010）」（http://www.unesco.org/new/en/culture/themes/museums/unescoiccrom-re-org/unesco-iccrom-partnership-for-the-preventive-conservation-of-endangered-museum-collections-in-developing-countries-2007-2010/）

33　RE-ORG HP（http://www.re-org.info/en）

34　UNESCO HP「Japanese-funded UNESCO project improves inventories and documentation in Sub-Saharan African Museums」（http://www.unesco.org/new/en/culture/themes/museums/museum-projects/archive/japanese-funded-unesco-project-improves-inventories-and-documentation-in-sub-saharan-african-museums/#c306682）

35　UNESCO HP「Endangered heritage: emergency evacuation of heritage collections」（http://unesdoc.unesco.org/images/0024/002466/246684E.pdf）

36 UNESCO HP「Endangered heritage: emergency evacuation of heritage collections（jpn）」（http://unesdoc.unesco.org/images/0024/002466/246684jpn.pdf）

37 国際連合 HP「Unanimously Adopting Resolution 2199（2015），Security Council Condemns Trade with Al-Qaida Associated Groups, Threatens Further Targeted Sanctions」（https://www.un.org/press/en/2015/sc11775.doc.htm）

38 UNESCO HP「The Continued Efforts for the Revitalization of Georgia's Museum Sector」（http://www.unesco.org/new/en/culture/themes/museums/museum-projects/archive/the-continued-efforts-for-the-revitalization-of-georgias-museum-sector/）

39 UNESCO HP「A Revitalization and Collection Care Programme for the Museum of Folk Architecture and Rural Life, Lviv, Ukraine: Phase I」（http://www.unesco.org/new/en/culture/themes/museums/museum-projects/a-unesconorway-funds-in-trust-project-in-ukraine/）

40 UNESCO HP「Ensuring the Sustainability of the Centre for the Restoration of Islamic Manuscripts of the Haram al-Sharif, Jerusalem」（http://www.unesco.org/new/en/culture/themes/museums/museum-projects/ensuring-the-sustainability-of-the-centre-for-the-restoration-of-islamic-manuscripts-of-the-haram-al-sharif-jerusalem/#c289854）

41 UNESCO HP「Safeguarding, Refurbishment and Revitalization of the Islamic Museum of the Haram al-Sharif and its Collections」（http://www.unesco.org/new/en/culture/themes/museums/museum-projects/safeguarding-refurbishment-and-revitalization-of-the-islamic-museum-of-the-haram-al-sharif-and-its-collections/#c289875）

42 UNESCO HP「Common Heritage: A Museological and Educational Approach to the Dialogue of Cultures and Civilizations」（http://www.unesco.org/culture/museum-for-dialogue/museums-for-intercultural-dialog/en/）

43 UNESCO HP「Revitalising World Heritage Site Museums for a Better Interpretation of Living Heritage Sites in Cambodia, Laos and Viet Nam: Training for World Heritage Site Museums（2011-2015）」（http://www.unesco.org/new/en/culture/themes/museums/world-heritage-site-museums/）

44 UNESCO HP「UNESCO training workshop on documentation and inventory in Tehran, Iran」（https://en.unesco.org/news/unesco-training-workshop-documentation-and-inventory-tehran-iran）

Chaper 1　ユネスコにおける遺産とミュージアム

45　UNESCO HP「UNESCO supports Gabon's national museum of arts and traditions through a workshop on documentation and inventory」（https://en.unesco.org/news/unesco-supports-gabon-s-national-museum-arts-and-traditions-through-workshop-documentation-and）

46　UNESCO HP「UNESCO supports Cambodia in documenting its heritage and guaranteeing its integrity」（https://en.unesco.org/news/unesco-supports-cambodia-documenting-its-heritage-and-guaranteeing-its-integrity）

47　UNESCO HP「Hangzhou Congress」（http://www.unesco.org/new/en/culture/themes/culture-and-development/hangzhou-congress）

48　国際連合 HP「Science, technology and innovation（STI）and culture for sustainable development and the MDGs」（https://www.un.org/ecosoc/en/content/science-technology-and-innovation-sti-and-culture-sustainable-development-and-mdgs）

49　前掲註 17 に同じ

＊HPの最終アクセスはすべて2019年6月14日。

Chapter
2

1960年ユネスコ博物館勧告と日本の博物館

井上由佳 *Yuka Inoue*

日本の博物館特集をした
ユネスコ機関誌「Museum」
(1957年)

Chaper 2　1960 年ユネスコ博物館勧告と日本の博物館

はじめに

　本章は、1960 年の第 11 回ユネスコ総会において採択された「博物館をあらゆる人に開放する最も有効な方法に関する勧告」[1]（以下、1960 年ユネスコ博物館勧告と略す。巻末資料 1 を参照）が日本の博物館に対してどのような影響を与えたのかについて論じる。まずは 1960 年ユネスコ博物館勧告の採択までの経緯を述べたのち、採択時の様子とこの勧告の狙いについて述べる。次に、採択された 1960 年前後の日本の博物館がどのような状況であったのかについて、ユネスコ刊行物を中心にその様子をひも解く。そして、勧告が採択された後、日本の博物館ならびに日本政府はどのような動きを見せたのかについて検証し、この勧告が提言している内容がいかに受け止められたのかについて議論する。最後に、1962 年にユネスコ事務局に届けられた加盟国諸国からの報告書を読み解き、そこから日本政府の報告に見える日本の博物館の動き、そしてなぜこの勧告は当時の日本に広まらなかったのかについて考察する。

　これまで日本においてユネスコと日本の博物館の動きを検討した研究はほとんどなく、1960 年ユネスコ博物館勧告については、複数の博物館学のテキストで言及されているが[2]、そこには勧告が採択されたという事実を述べるに留まる。本勧告の採択に伴い、日本の博物館が見せた動きに言及しているものは、管見の限り、井上（2017）[3] 以外に見受けられない。

　今回、主に調査の対象とした一次資料は、ユネスコのデータベース[4] に残されている 1950 年代から 1960 年代に記録された公式文書や発行物である。そのほとんどのものが国連公用語である英語、フランス語、スペイン語等で記載されているが、今

回は英語の文書を筆者が翻訳したものを研究対象としている。

1 1960年ユネスコ博物館勧告の採択まで

　本勧告が第11回ユネスコ総会で採択されるまでに、その初動から数えると少なくとも4年の歳月を費やしたことがわかる。ユネスコをはじめとする国際機関において、勧告や条約などを制定する際には、複数の加盟国の代表者で構成されるワーキング・コミッティなどを立ち上げて意見徴収しつつ、国際博物館会議（ICOM）などの専門家団体からの意見を踏まえながら原案をまとめていく。その原案を加盟国政府間で共有し、一字一句まで細かな調整作業を何度も繰り返していく。このプロセスには様々な意見交換が行われるとともに、膨大な書類のやり取りがされていることは想像に難くない。現在のようなインターネット技術がなかった1950年代当時、加盟国間とのやりとりにとてつもなく時間がかかっていたに違いない。それを踏まえると、4年という歳月は決して長いものではなかったのかもしれない。

　1960年ユネスコ博物館勧告のきっかけとなったのは、フランス代表からの

　　　ICOMと協力しながら、人類の美と文化にすべての社会的階級の人々、
　　　とりわけ労働者階級の人々がアクセスできるようにするための最も
　　　効果的な方法を探るための研究を行うべきであり、それに伴い必要
　　　なテクニカルな対応と法的な対応について調べ報告してもらいたい。

という発言を受け、1956年の第9回ユネスコ総会についてユネスコのプログラム・コミッションがこの意見を受け入れたところから始まっている[5]。この発言の元となったフランスをはじめとするヨーロッパにおいては、博物館が社会の全ての人々

に開かれていない、とりわけ労働者階級の人々は足を運んでいない。少なくとも映画館のように気軽に誰もが足を延ばす場所にはなっていないという認識があった[6]。

この提言を受け、ユネスコ事務局はICOMに博物館の現状を把握するために国際的な調査と具体的な提言を委託する。そして、その調査結果と提言をもとに、加盟諸国の博物館がすべての人々に開かれた場となるために、できることは何か、行政は何をすべきなのか、博物館には何ができるのかといったことをまとめ、勧告として採択することを検討し始めたのである。この国際調査はフランス国立博物館局（Direction des Musées de France（DMF））[7]のアシスタント・キュレーターであるミッシェル・フロリソーヌ（Michel Florisoone）がICOMから責任者として任命され、1958年2月17日のICOM委員会において調査の方向性が認められ、実施されるに至った。

上記の調査結果は、ユネスコの予備調査報告書（1958）[6]にまとめられている。そこには、第二次世界大戦後の10年以上にわたり、多くの国々において、すべての社会階級の人々が博物館に足を運ぶように努力してきたことが記載されている。具体的には、コレクションの展示をする際に幅広い文化レベルの人々に向けて見せることを意識する、入館料を無料もしくは安価とする、ガイドツアーを提供する、子どもや若者向けの展示室を作る、学校団体向けのワークショップを実施する、巡回展示を開催する、教育的な活動を行うといったことが、既に多くの館にて行われてきたと述べられている[8]。1956年にはユネスコ創設10周年を記念してユネスコが主催し、日本も参加した「博物館の国際キャンペーン」（International Campaign for Museums）

が一定の功を奏したとも書かれている。

しかしながら、それでもなお、博物館は他の施設に比べても、人々の認知度は低く、なかなか足を運ばない場所であることには変わりないとユネスコは認識している。報告書の中では次のような記述がある。

> 第9回ユネスコ総会において、プログラム・コミッションは「博物館が最も豊富に整備された国々では、その多くが無料で公開されているにも関わらず、映画館の入場券は買っても、200人に一人すら博物館には行っていない。」ことを指摘した[8]。

つまり、立派な博物館を整備し、たとえその入場料を無償化したとしても、まだまだ多くの人々は博物館に行こうとしていないことに注視していたことがわかる。本勧告の本文中に幾度となく労働者階級に博物館を開放することを強く意識した記述となっていることは、やはりユネスコとICOMがともにフランスのパリに本部を置き、ヨーロッパに根差した考え方をもとに活動していることが影響しているのであろう。とはいうものの、アジアの一国であった日本にとり、この勧告は何ももたらすことはなかったのだろうか。次節では本勧告が採択された1960年前後の日本の博物館の様子を、ユネスコの刊行物における記述から考察していきたい。

2 1950年代の日本の博物館の様子
―ユネスコ刊行物より―

1950年代の日本の博物館の様子を知るには、この年代に記述された書籍や論文等を参照することになるだろう。国内の発行物で、当時の様子を時々刻々と伝えてくれているのは、日本博

物館協会が発行してきた『博物館研究』であろう。『博物館研究』における本勧告の記述についてはすでに井上（2017）[3] にて詳述してあるため、この節では日本の博物館界の様子が海外に向けてどのように発信されていたのかについて考察したい。そこで、本節ではユネスコが発行する雑誌『MUSEUM』Vol.X no.1（1957）（副題：Japanese Museums）の記述を元に、当時の日本の博物館が海外に対してどのように伝えられていたのかについて述べていく。

（1）『MUSEUM』日本特集号（Vol.X no.1、1957）

　ユネスコが発行する『MUSEUM』は全文が英語とフランス語で記述されており、その概要は以下となっている。

　　　MUSEUM, successor to Mouseion, is published by the United National Educational, Scientific and Cultural Organization in Paris. MUSEUM serves as a quarterly survey of activities and means of research in the field of museography. Opinions expressed by individual contributors are not necessarily those of Unesco.

　　　『MUSEUM』（ミュージアム）、『Mouseion』（ムセイオン）の後継誌、は、パリの国際連合教育科学文化機関（ユネスコ）が発行するものである。『MUSEUM』は博物館学（Museography）分野の調査活動や研究を年に4回行う役割を担っている[9]。（筆者訳）

　この雑誌は、ユネスコが当初発行していた『Mouseion』という雑誌の後継誌として位置付けられている。1957年当時は、博物館学のことをミュゼオロジー（Museology）ではなく、ミュゼオグラフィ（Museography）と英語表記していたことがわかる。山本（2007）[10] によれば、昭和初期の日本においても一部にミュゼオグラフィが用いられていたという。この雑誌には、編集

諮問委員会 (Editorial Advisory Board) が設置され Vol.X の場合、42名のユネスコ加盟諸国の国々のメンバーから構成されている。その中には "Yukio Yashiro, Tokyo" という記述があり、西洋美術史研究者の矢代幸雄 (1890〜1975) が同誌の編集諮問委員を務めていたことがわかる。矢代は 1920 年代から 30 年代にかけて欧州視察を何度か経験した海外通であり、国内の美術界にも造詣が深かったことから選ばれたようである。日本の有識者も編集諮問委員をしていたことから、本号では日本語で執筆された原稿が英語とフランス語に翻訳されているが、矢代が翻訳された原稿を確認していた可能性もあることがわかる。

この他に編集委員として、ICOM 会長の J.K. ヴァン・デ・ハーゲン (J.K. van der Haagen) やエコミュージアム提唱者であるジョルジューアンリ・リヴィエール (Geroges - Henri Rivière) の名前も見受けられる。当時の博物館学の専門家が編集に携わっていた事実がわかる。また、問い合わせ先がユネスコの博物館・歴史的遺跡部宛 (Museums and Historic Monuments Division) となっていたことも注視しておきたい。

本誌の特集号については、日本博物館協会が 1957 年 1 月に発行した『博物館研究』Vol.30 No.1 の p.28 に日本にユネスコから執筆依頼があった経緯が以下のように説明されている。

【広報】

ユネスコの「MUSEUM」誌日本特集号

ユネスコ本部の大福氏が来日の際に見学した博物館を主として日本の博物館事情を全世界に知らせたいので、「MUSEUM」誌明年 1 月号を日本特集として提供するからとユネスコ本部からユネスコ国内委を通じて連絡があった。

41

そこで我が国の博物館を知らせるのに一応満足できる部門と事情について次の通り諸氏に執筆をお願いした。

各氏の原稿は和文英文と数葉の写真からなり、ユネスコ国内委を通じて本部に送付した[11]。

この記述から、ユネスコ本部にいた大福氏からの発案でこの特集が組まれ、文部省のユネスコ国内委員会を通じて、日本博物館協会から下記の諸氏に原稿執筆依頼があったことがわかる。大福博博士は1956年当時、ユネスコ本部文化活動局の専門職員（博物館及び記念物担当、人類学専攻、米国籍）であったという。大福氏は1956年6月11日に来日し、「日本の博物館当事者及び行政担当者に、ユネスコ及び欧州の博物館発展に関する経験を伝えて日本の博物館発達のために寄与するとともに、日本の博物館発展のために計画をどのように実施するかについて、ユネスコの提案を伝達するため、6月11日羽田着で来日した。」[12]とある。大福氏は米国ハワイ州ホノルル生まれの日系米国人で、ハワイ大学卒業後にハーバード大学にて文化人類学と考古学の修士号そして博士号を1951年に取得した。その後、パリのユネスコ本部博物館局に長らく勤務し、数多くの博物館と文化財に関する活動に貢献してきたという[13]。大福氏のような日本語と英語に通じていた人物が、当時の日本の博物館界に影響力を持っていたことは興味深い。

本誌の副題は"Japanese Museums"となっており、目次は次の通りである[14]。

JAPANESE MUSEUMS/ MUSÉES JAPONAIS

SHIGERU KAWASAKI: The new museum system of Japan

JUZO ARAI: Local museums in Japan

Y. K. OKADA: National Science Museum, Tokyo

YOSHITAKA TSUTSUI: The local science museums in Japan

KIYOFUSA NARITA: The Paper Museum, Tokyo

TADAMICHI KOGA: Japanese Zoological Gardens

SOICHIRO TSURUTA: The National Park for Nature Study, Tokyo

SEIROKU NOMA: The activities of the National Museum since the war

TOYOTARO KASAI: The Nezu Fine Arts Museum, Tokyo

MiCHIAKI KAWAKITA: The National Museum of Modern Art, Tokyo

（他２編は本特集以外のテーマであるため省略）[15]

　上記の人選ならびに原稿の内容については、大福氏が1956年6月に来日した際に実際に見学した館とその時に話し合った人たちによって構成され、内容についてもそれに合わせて決められていたことが『博物館研究』の記載より判明した。

　さらに『博物館研究』Vol.30 No.1には当時、ユネスコ本部に提出された原稿の一覧表が掲載されている[16]。提出された原稿と実際に掲載された記事の違いがみられるのは、編集の都合上と思われる。以下に表１として整理した。

　上記の執筆陣は、学識者や各館の館長や園長、国立博物館の学芸部長といった要職についていた人々であったことがわかった。各人の日本語の原稿を英語とフランス語に訳してから掲載されたことから、翻訳に要した時間と1956年6月に大福氏が来日した後に本特集の打診を受けたという記述があったこと、そして『博物館研究』の1957年1月号にタイトルが掲載されていたことを踏まえると、日本語原稿の執筆時期は1956年頃であることが推察される。当初の原稿と実際に掲載された原稿を比較すると、タイトルの変更や採録されなかった原稿もあったことがわかる。

Chaper 2　1960年ユネスコ博物館勧告と日本の博物館

表1 『博物館研究』(Vol.30 No.1)と『Museum』(Vol.X no.1)との題名比較

『博物館研究』Vol.30 No.1 に掲載された原稿リスト (⊙は右欄『Museum』掲載原稿、筆者挿入)	UNESCO『Museum』Vol.X no.1 に掲載された目次(筆者訳)
⊙戦後の博物館活動とデパートにおける展観 東京国立博物館普及課長　野間清六	川崎　繁：日本の新しい博物館制度
⊙国立近代美術館について 国立近代美術館普及課長　河北倫明	新井重三：日本の地方の博物館
⊙国立科学博物館における理工学館について 国立科学博物館長　岡田　要	岡田　要：国立科学博物館、東京
	筒井嘉隆：日本の地方の科学博物館
⊙製紙博物館 製紙博物館長　成田潔英	成田潔英：紙の博物館、東京
⊙根津美術館の新築落成について 根津美術館長　河西豊太郎	古賀忠道：日本の動物園（上野恩賜公園動物園園長）
・根津美術館設計の構想 内藤多仲	鶴田総一郎：国立自然教育園、東京
	野間清六：戦後の国立博物館における活動
⊙日本の動物園 恩賜上野動物園長　古賀忠道	河西豊太郎：根津美術館、東京
⊙国立自然教育園について―教育普及事業を中心として 国立自然教育園次長　鶴田総一郎	河北倫明：国立近代美術館、東京
⊙地方における自然科学博物館について 大阪市立自然科学博物館長　筒井嘉隆	
⊙地方博物館の現状について 　秩父自然科学博物館長　新井重三	
⊙日本の博物館制度について 　文部省博物館担当官　川崎　繁	

（2）『MUSEUM』日本特集号から見た 1950 年代の日本の博物館

　次に、1960 年ユネスコ博物館勧告が採択される 4 年前である 1956 当時の日本の博物館がどのような状況であったのかについて、それぞれの原稿から読み取れる内容を整理していきたい。なお、紙幅の都合上、本節では日本全体の博物館事情を含む内容に着目するため、「編者による前文」「川崎　繁：日本の新しい博物館制度」「新井重三：日本の地域博物館」の章を中心に紹介していきたい。

編者（Editor）[17] による前文

＜主なポイント＞

・日本の博物館の状況は、地理的な要因と出版物の多くが日本語ゆえに国際的にあまり知られていない。

・この特集記事から日本の博物館界は学術と技術レベルが高く、教育プログラムが非常に活発である（とりわけ学校団体向け）ことがわかる。

・戦災からの復興と低予算が続くという厳しい時代を経て、日本の博物館に活気が戻ってきたことは、近年、海外の博物館の展示技術や一般市民向けのプログラムなどに強い関心を寄せていることからわかる。それは、ICOM 国内委員会の設立とユネスコ国内委員会と協力して、多くの国内の博物館が参加した「博物館の国際キャンペーン」の実施に象徴される。

・非常に洗練され、魅力的な展示をしている東京国立近代美術館のような事例がある一方で、いくつかの古い館では、極めて豊かなコレクションを所蔵しているにもかかわらず、19 世紀から 20 世紀初頭の展示スタイルのままとなっており、時代遅れである。予算の制限が日本の博物館の現代化を妨げている。

・日本は伝統的な文化と題材に溢れた国であることから、それらが活

発な博物館のプログラムに活用される可能性を秘めている。しかしながら、人々の文化生活において博物館を重要な要素と位置付けることを目標とした、多くの一般市民を惹きつけるプログラムの発展がとりわけ望まれることを指摘したい。

編者の前文から読み取れることは、1950年代半ばの日本の博物館界は、ユネスコの所在するヨーロッパ圏からみても、そのコレクションの豊かさ、展示や建築技術の高さが認識されていたことがうかがえる。本特集に掲載されている記事において、地域博物館においても学校団体向けのプログラムに力を入れているという新井氏の論考などの影響もあってか、教育プログラムも盛んであるという認識があることも興味深い。

しかしながら、学校以外の一般市民向けのプログラムが未発達であること、人々の文化生活の要と博物館としていくためのきっかけ作りが望まれていることが指摘されている。

この指摘事項は、1960年ユネスコ博物館勧告Ⅴ-16の「博物館が学校及び成人教育に対してなしうる寄与を認め、かつ促進すべきである。」と共通している。成人教育、すなわち学齢期を過ぎた一般市民に対してもアプローチすることが、1957年時点から日本の博物館に求められていたといえよう。

「川崎　繁：日本の新しい博物館制度」

＜主なポイント＞

・日本の博物館は社会教育機関として長い歴史を持っているにもかかわらず、図書館等と比較すると、未発達である。その要因として、長年にわたり博物館を支える確固たる政策の不在ゆえに、各々の資力（リソース）に任されていたという経緯がある。

・戦後の不景気から、日本の博物館は視聴覚メディアの発達を認識しな

がらも、それを導入することもできず停滞期を過ごした。とりわけ免税措置のなかった私立の博物館はコレクションを手放したり、部屋の貸し出しをして資金作りをしなければならない館もあり、多くが閉館した。

・1951年の博物館法公布の意義は大きかった。地方を中心に博物館の拡大が近年見受けられる。1956年現在、日本の博物館、美術館、水族館、植物園、動物園を合わせた数は260である。歴史系が31.8％、美術館が20.6％、自然史博物館が13.7％、総合博物館が10.7％、水族館が8.2％、動物園が7.3％、植物園が6％、野外博物館（Field Museums）が1.7％である。

・1956年の文部省によって発表された調査によると、1955年に日本の上記館に訪れた人の数は26,000,000人であり、内58.1％が大人であった。

・博物館法における博物館の概念は拡大され、水族館や動物園、植物園を含むものとされた。その運営母体を規定するとともに、保存や展示だけではなく、しばしば見落とされてきた教育、研究そして刊行物の発行にも力を置くべきことが示されている。同類の他機関との協力も協調されている。

・学芸員資格は大学学部で開講されている所定科目の履修によるものと、年に1回の文部省による認定試験に合格することで取得する方法がある。現在、400名の学芸員しかおらず、この数は各館に1.5人しか有資格の学芸員がいないという状況である。

　文部省博物館担当官であった川崎氏は、博物館法が制定されたことから、登録館の入館料が原則的に無償とされたこと、行政からの助成金、税金の免除、国鉄等の移送料が30％引きになること、学芸員資格制度が確立したことなどを日本の新しい博物館制度として紹介している。

　博物館の機能として、日本の博物館では戦前から保存や展示

は行われてきたが、教育や研究そして刊行物の発行について
は、見落とされてきたと指摘している点に着目したい。博物館
教育の面に着目すると、この記述は後述の新井氏の認識と矛盾
する。なぜなら新井氏は、地域博物館の存在意義を一番効果的
に一般に知らしめる手段として教育普及事業を重視してきたと
述べ、その実績を自身の記事で紹介しているからである。川崎
氏は文部省にいた立場から、おそらく全国の国公立・私立を俯
瞰して指摘しているとすれば、やはりこの時代の日本の博物館
における教育機能については、少なくとも展示・保存ほどは重
視されていなかったことが示唆されるといえよう。

「新井重三：日本の地方博物館」

＜主なポイント＞

・日本の地方博物館は、個人の寄付等によって設立されたり、地方自
　治体の自由意志のもとに設立されたりすることがこれまでの成り立
　ちであった。

・1951年の博物館法公布により、全く新しい原理原則のもとに各博物
　館には目標が与えられ、それに向かって機能すべきことが明記され、
　その共通タスクの中でそれぞれが果たしうる目標が各館に示された。

・日本中に現在、160館もの地方博物館がある。そのほとんどが私立
　のものであり、その次に公立博物館が続き、いくつかは国立大学に
　付属した博物館がある。このような実情から、日本政府は地方博物
　館が抱える課題に対する明確な方針を示していない。

・低予算の中、すべての地方の博物館は来館者のニーズにこたえ、自
　館のアピールに務めるべく、建設的に活発な方針のもと活動してい
　る。これはとりわけ社会教育と学校教育との連携に見られ、多くの
　博物館では限られた資源、時間と労力をそこに注入してきた。

2 1950年代の日本の博物館の様子

・日本の地方博物館が教育事業に力を入れてきた理由として、予算不足、有資格の学芸員の不足ゆえである。行政や公衆からの励行もあり、教育事業に最も力を注いできたのである。

・筆者の勤務する秩父自然史博物館においては、館周辺を歩いて回る自然観察ツアーを都心部の子どもたち向けに開催したりと先駆的なプログラムも数多く実施していた。

新井氏による地方博物館の状況の報告では、まず予算不足と人材不足を挙げている。それゆえに、予算と専門家が少ない中でも実施でき、一般への館の知名度と価値を高めるためにも教育活動に力を入れてきたという説明がなされている。これは興味深い指摘であり、次節の岡田による国立科学博物館の記事には、教育普及事業についての記述がほとんどないことからも、地方の自然史博物館は初期から教育事業を重視していたのは、日本の特徴と言えるのかもしれない。これは他の資料とも合わせて検証する必要があるだろう。

新井氏はさらに、日本の当時の博物館の課題として、各館の活性度はその運営母体（自治体等）の情熱と努力に依存していると指摘し、地方の博物館の予算確保が極めて不安定であると述べている。予算が確保されないのは自治体が館の設置の意義を認めていないからなのかと疑問を呈している。そして一般市民、地方行政官に私たちの存在価値や意義を理解してもらうことの必要性を訴えている。そして、博物館の安定しない運営の最終責任は博物館法を定めた政府にあると述べ、地方博物館への財政支援を求めていることも付記しておきたい。

他の記事からの主要ポイント

この他にも野間氏による「戦後の国立博物館における活動」（日

本語原稿のタイトル：戦後の博物館活動とデパートにおける展観）では、な
ぜ国立博物館が戦後、マスコミやデパートと手を組んで企画展示
を実施するようになったのか、そして成功したのかについて、初
期の動きが紹介されている。英語タイトルから、「デパートにおけ
る展観」が削除されてしまった経緯は字数のためだろうか。内容
からすると、削除された部分の方が本題であり、戦後の国立博物
館における活動は、それほど書かれていないことが今回わかった。
　また、大阪市立自然科学博物館長の筒井は、日本の博物館の
発展が遅れている理由を次のように述べている。

> The slow progress of Japanese museums is partly the result
> of a general lack of recognition of the importance of museums-
> people do not know how to utilize museums as a place of cultural
> research- and partly the result of inactivity on the effort to appeal
> to those eager for knowledge. It is only in the past five or six
> years that Japanese museums have been able to expand their
> facilities.[18]
>
> 日本の博物館の発展が遅れている要因の１つには、博物館の重要
> 性の認識が一般的に認識されていない結果であろう。人々は博物館
> を文化的な調査の場として活用する方法を知らないのである。さら
> に、もう１つの要因としては、知識欲の高い人々に対してアピール
> する努力が足りていない結果であろう。日本の博物館がその施設等
> を拡張し始めたのはここ５〜６年のことである。（筆者訳）

　さらに筒井は、日本の民衆は美術や文学には親しみと関心を
もち、それに関連した展覧会にも足を運ぶが、理科や科学に
ついては関心が低く、多くの人々が科学は門外漢が理解した
り、近づいたりするには難しすぎると認識していると述べてい

る[19]。この認識は、戦後の理科教育・科学教育にも大きな影響を与えたものではないだろうか。

3　勧告採択後の日本の動き—勧告の影響はあったのか—

　第2節において、1960年ユネスコ博物館勧告が採択される直前の日本の博物館界の状況をまとめた。そこからは、地方の博物館や自然史博物館を中心に予算不足と専門家（学芸員）の不足に悩まされつつも、国際的にも評価されるレベルの博物館が運営されていたことがわかった。それでは、1960年ユネスコ博物館勧告が採択された後、日本の博物館界はこの勧告に対してどのような反応を見せたのだろうか。この点について本節では述べていきたい。

（1）日本博物館協会の反応

　日本の博物館現場を取りまとめていた全国的な組織である日本博物館協会は、この勧告についてどのような動きを見せたのだろうか。この点については、井上（2017）[3]が既にまとめているため、その記述に触れながら整理していきたい。

　1960年前後の日本博物館協会の動きをつぶさに伝えてくれるのが、協会が発行する『博物館研究』であろう。この雑誌は、途中で『博物館會報』と呼ばれた時期も含めて、1928年（昭和3）6月から発行されてきた。本稿で着目する時期を調査するにあたっては、復刻版第1巻以降（1954年以降）を対象とした。

　井上（2017）[3]は当時の日本博物館協会の勧告の取り上げ方とその反応を見るために、協会の定期発行物である『博物館研究』に記載された本勧告に関連する記述を確認していった。対象

Chaper 2 1960年ユネスコ博物館勧告と日本の博物館

としたのは、1954〜1973年に発行された『博物館研究』である。本誌は、日本の博物館関連団体が定期的に発行してきたものとしては最古である。また、本協会も日本で唯一、博物館・美術館・科学館といった館の種類を超えるメンバーからなる専門的な組織である。ゆえに、日本の博物館界の動きを分析する際には、精査することが不可欠な資料の1つといえよう。

今回の調査で19年間にわたる『博物館研究』を精査した結果、1960年ユネスコ博物館勧告も含めたユネスコに関する記事は複数存在したことがわかった。例えば、1954年のVol.1 No.2では「ユネスコの文化財に関する国際会議」や「ユネスコ主催の『教育における博物館の役割』に関するセミナー」が紹介されていたり、1955年のVol.28 No.8・9では、「国際キャンペインについて」と「ユネスコ加盟国の援助計画について」という記事が見受けられる[20]。

ところが、本稿で着目している1960年ユネスコ博物館勧告が『博物館研究』に取り上げられたのは、1960年発行のVol.33 No.1の15〜16ページと、日本博物館協会への「6・7月分受贈図書」一覧に資料の1つとして掲示されたVol.34 No.9の28ページ、そして1962年発行のVol.35 No.12の22ページの実に3回だけであった。しかも前者は勧告「案」に関するもので、最終的な勧告についての記載は、Vol.35 No.12の22ページにある「遺跡と博物館に関する動議:1963〜1964年ユネスコ事業計画・予算案」の中の、その概要が紹介される中で以下のような文章に含まれていただけである。

（博物館の発達）

1.　博物館を全ての人に親しみ易いものにする最も効果的な方法に関

する勧告　UNESCO 第 11 回 (1960) 総会で同項についての ICOM
の援助を要請することが採択された[21]

　上記のページでは、勧告の具体的な内容については触れられ
ていない。ユネスコが加盟各国政府ならびに博物館に向けた最
初の勧告の取り上げ方が、この雑誌でこれほど少ないのはなぜ
なのか。その理由を探るために『博物館研究』から見受けられる
1960 年前後の日本の博物館界の動きを辿ってみると、おそら
くは 1960 年 9 月 4 日〜30 日にかけてユネスコと日本政府が一
丸となって「アジア太平洋地域博物館セミナー」を東京で開催し
たことが強く影響したと思われる。このセミナーには 19 カ国
から 37 名が参加した (参加者 27 名およびオブザーバー 10 名)。この
セミナーを滞りなく運営し、成功させることにとらわれるあま
り、当時の日本の博物館関係者ならびに文部省は、同年 11 月
に採択された 1960 年ユネスコ博物館勧告の存在にほとんど目
を向けなかったことが推測される[22]。

　さらに重要なことは、このセミナーにおいても 1960 年 9 月
30 日に「勧告」が採択されたことである (巻末資料 3 を参照)。つま
り 1960 年には、ユネスコ主催の「アジア太平洋地域博物館セミ
ナー」、そして第 11 回ユネスコ総会という二度の別々の機会
に、「2 つの博物館に関する勧告」が採択されていたのである。
そして、この事実は日本の博物館界において大きな誤解を招く
結果となった。

　1 つ目の勧告は 1960 年 9 月に開催された「アジア太平洋地域
博物館セミナー」の終わりに採択された「セミナー勧告」[23] であ
り、2 つ目が同年 11 月のユネスコ総会で採択された、本書で
取り上げてきた「1960 年ユネスコ博物館勧告」である。少なく

とも日本においては、1960年の9月末と11月半ばに採択された2つの勧告は、後年になって混同されるようになった。

それが顕著に表れているのが、伊藤寿朗（1978）[24]の著書『博物館概論』資料編の解説で、次のような記述がある。

　Ⅱ「博物館をあらゆる人に開放する最も有効な方法に関する勧告」は1960年秋、東京・京都・奈良を会場に開催したユネスコ・日本政府主催「アジア太平洋地域博物館セミナー」で作成された原案を、同年の第11回ユネスコ総会で正式採択したものである。公共博物館のあり方に関する最も優れた提言のひとつといえよう。訳文は外務省による公式訳である。

伊藤がここに記述した内容が「誤解」であることは、巻末の「セミナー勧告」本文を読めば自明であろう。この2つの勧告は別物であり、その内容も重なる部分も少なからずあるが、同じものではない。さらに、ユネスコに残されている「1960年ユネスコ博物館勧告」の成立までの記録を精査しても、東京で開催された「セミナー勧告」を参考にした、あるいはそれを踏まえたという記述は残されていない。また、伊藤は「1960年ユネスコ博物館勧告」を「外務省による公式訳」としているが、勧告の翻訳に文部省以外に当時の外務省が関与していたのか、そのように判断した根拠が明確でないことから確認を要する記述である。

既に前節で述べたように、「1960年ユネスコ博物館勧告」については、少なくとも1956年のフランス代表からの提言を受けて、ICOMと協力しながら国際調査を実施し、その結果をベースにした議論を踏まえたという経緯を以って、1960年11月に採択されたものであった。ゆえに直前の9月30日に東京で採択された内容を含めて再検討した、あるいはその内容を加

味したという記録もなく、その必要性も考えられていなかったように思われる。なぜなら、ユネスコのような国際機関において勧告や条約を採択する際には、一語一句の変更でさえも、加盟各国に可否を問い、意見を募り、それを丁寧に拾いながら一つ一つ検討していくからである。当時の郵便を中心とした国際通信状況を考えれば、約1か月前に決まった「セミナー勧告」を加盟国に伝え、それを踏まえて「1960年ユネスコ博物館勧告」を見直すことは物理的にも難しかったといえよう。

　ゆえに、「1960年ユネスコ博物館勧告」と「セミナー勧告」の間には直接の関係はなかったと思われる。もしあるとするならば、むしろ逆方向の影響はあったかもしれない。つまり、「アジア太平洋地域博物館セミナー」において勧告を検討した際に、第11回ユネスコ総会で採択予定の博物館勧告を参考にした、という方が可能性としては高いのではないだろうか[25]。とすれば、日本においてその後、「1960年ユネスコ博物館勧告」の影響がほとんどなかったことも説明がつく。つまり「ユネスコ博物館勧告」を参考にしつつ検討された「セミナー勧告」であるから、こちらで示されていることを実現すれば、国際的な潮流を踏まえたことになる、という理解が日本の博物館関係者の間で広まっていたと説明できるからである。

（2）日本政府の反応

　次に日本政府、つまり当時の文部省が1960年ユネスコ博物館勧告に対してどのように回答したのかについて述べたい。既に前述したように、1960年ユネスコ博物館勧告では2年後の1962年までに各国加盟政府がこの勧告を受けてどのような施

策を取ったのかについて、ユネスコ本部に報告することを求めている。加盟国政府からの回答・報告書も、ユネスコのデータベースに残されている。そこに残された記録から、日本政府の回答を井上（2017）[3] の記述を元に紹介していきたい。

　文献調査から、日本の文部省がこの勧告に対しての対応をまとめた報告文をユネスコに提出していたことがわかった。その報告文は 1962 年 11 月 2 日付のユネスコの資料[26] に記録されている。同年 10 月 1 日の本来の締切[27] には間に合わなかったが、11 月までの間に提出されたようである。この報告文では各国に 1960 年の第 11 回ユネスコ総会にて採択された「教育における差別の防止に関する条約と勧告」の施行に向けた準備状況に関する報告と、博物館勧告に関する報告の 3 点について回答が求められている。報告書に掲載された日本の文部省からの回答は下記の通りであった[28]。

Japan

Convention and recommendation against discrimination in education

Recommendation concerning the most effective means of rendering museums accessible to everyone

日本

教育における差別の防止に関する条約と勧告

博物館をあらゆる人に開放する最も有効な方法に関する勧告

The Japanese Government presents the following initial report on the action taken to the convention and recommendation against discrimination in education and the recommendation concerning the most effective means of rendering museums accessible to everyone, in accordance with the resolution 50 adopted at the eleventh session of the General Conference:

　日本政府は、第 11 回ユネスコ総会において採決された 50 の決議に従って、教育における差別待遇の防止に関する条約と教育における差別の防止に関する勧告、ならびに博物館をあらゆる人に開放する最も有効な方法に関する勧告を受けて実行した措置についての第一次報告を下記に示す。

（a）（略）

（b）The name of the competent national authority for the convention and recommendations in questions is the Ministry of Education.

　ここで対象とされる条約と勧告の所管となる国内当局は、文部省である。

（c）（i）（略）

（ii）The recommendation concerning the most effective means of rendering museums accessible to everyone

　博物館をあらゆる人に開放する最も有効な方法に関する勧告

The Social Education Bureau of the Ministry of Education studied the recommendation and found out that most of the recommendations are already put into practice. Major difficulty is in the following two points:

　文部省社会教育局が本勧告を検討したところ、ほとんどの項目が既に実行されていることがわかった。主な課題は下記の 2 点である。

Under the present condition of facilities, equipment, staff and management, it is extremely difficult to have all museums remain open every evening after working hours. It is also difficult to make admissions to every museum always free in the near future.

現在の施設、設備、職員と運営体制の下では、全ての博物館を勤務時間後の夜間も毎日開館させることは極めて難しい。また、近い将来に全ての博物館の入場料を恒常的に無料にすることも難しい。

（c）The competent authority and the services concerned studied the recommendations with a view to make them into reality as far as possible. As to the convention,…（以下省略）。

所管省庁ならびに関連部局でこの勧告を可能な限り実現させていく視点を持って検討した。（筆者訳）

（以下、ユネスコ博物館勧告に関する記述はないため省略）

上記の報告文が、1962年10月に日本政府よりユネスコ事務局に提出されていたのである。この記述からすると、当時の文部省社会教育局が回答を作成したようである。そして回答の内容であるが、勧告に書かれている内容については、「ほとんどの項目が既に実行されていることがわかった」と述べるにとどまっている。さらに日本の課題としては、夜間開館と入場の無料化の2点のみを挙げ、それを日本で実現することは困難であるとしている。文面も短く、同時期に提出されたレポートでカナダが5ページ、イタリアが4ページにわたり博物館の置かれた状況を詳細に報告しているのと対照的である。

1962年当時の日本の博物館活動において、比較的動きのみられた学校との連携についても、全国的な動きとは言えず、教育担当の職員を置く、あるいは教育活動を担当する専門組織を館内に置いたところは皆無に近かったはずである[29]。それにもかかわらず、当時の文部省は博物館の全国調査結果等を引用することもなく、実務的な2点（夜間開館と入場料の無料化）のみに言及した点は注目に値する。

（3）主な他諸国の対応

　1962年10月1日時点でユネスコ加盟国政府から提出された1960年ユネスコ博物館勧告への報告文を見ると、カナダやイタリア、スペインのように、国立館のみならず、各地方の博物館における勧告の受け入れ状況について詳細を述べている国がある一方で、日本と同様に簡潔な報告で終わっている国も見受けられた。例えばデンマークの報告も以下の通りで、日本と同様に実に短い。

　　With reference to the Recommendation concerning the most effective means of rendering museum accessible to everyone the question is for the time being under consideration in the Council of Danish Museums.

　　ユネスコ博物館勧告については、オランダ博物館委員会において現在検討されている。(筆者訳)[30]

　他にはマダガスカルのように、「本国において、博物館は全ての人に既に開放されているゆえ、何も行わなかった。」[31] と回答した例もあった。ノルウェーも「勧告で指摘された事項については、既にノルウェーの博物館において導入してきている。」[32] という報告も見受けられた。このような反応も寄せられたという事実は、ユネスコのような国際機関が加盟政府に向けた勧告の影響力について、改めて考えさせられる。

4　考　察
―なぜ日本に1960年ユネスコ博物館勧告は広まらなかったのか―

　日本の博物館界において、1960年ユネスコ博物館勧告がほとんど影響を与えなかった理由として3つの理由を挙げたい。

①文部省や日本博物館協会等の全国的な組織がこの勧告を正面から取り上げることもなく、普及活動も特に行わなかった。

②日本にとって1960年には「ユネスコ博物館勧告」と「アジア太平洋博物館セミナーで採択された勧告」の2つが存在した。日本では後者の「セミナー勧告」の方が重視されるようになった。

③1962年のユネスコ報告書を見ると、1960年ユネスコ博物館勧告への諸国の対応には明確な温度差があり、勧告の効力にそもそも限界があった。

以上の理由から、1960年ユネスコ博物館勧告は日本にほとんど影響を与えなかったと考えた。この他にも、ICOMやユネスコといったフランス・パリに本拠地を置き、ヨーロッパ社会の課題やニーズに否応なしに影響されるという組織の性格上、そこで提言されることは当時のアジアにある日本からすれば「他人事」であったのかもしれない。この点については、さらなる検証が必要であるが、その可能性は否めないゆえに、今後の検討課題としたい。

1960年から55年経った2015年に、ユネスコとしては2番目となる博物館勧告を採択した。その勧告を日本はどのように受け止めるのだろうか。やはり「他人事」なのだろうか。1960年勧告についていえば、そこで述べられていた事項を当時の日本の博物館界が少しでも取り入れようと努めたならば、現在とは異なる状況となっていた可能性がある。勧告で示された事項を、日本において採用していたならば、博物館をより多くの市民に開かれた場とする数々の工夫が、30年以上早い時期から取り組むことができたであろう。1960年の事例を教訓として、2015年勧告の普及とその影響の検証を今後も続けていきたいと考える。

註

1　原語：Recommendation concerning the Most Effective Means of Rendering Museums Accessible to Everyone

2　伊藤寿朗・森田恒之編『博物館概論』学苑社、1978 など

3　井上由佳「博物館の国際的潮流と日本の博物館―1960 年ユネスコ博物館勧告とその影響の検証―」文教大学国際学部叢書編集委員会編『世界と未来への架橋』創成社、2017、pp.140-180

4　UNESCO　HP「ユネスコデータベース」(http://www.unesco.org/new/en/unesco/resources/online-materials/publications/unesdoc-database/)最終アクセス：2018 年 9 月

5　前掲註 3 書、p.150

6　UNESCO「全ての人々に開かれた博物館にするための最も効果的な方法を国際的な規定として策定する可能性をまとめた報告書」(Preliminary study on the technical and legal aspects of the preparation of international regulations of the most effective means of rendering museums accessible to everyone) 1958、p.1。UNESDOC　HP (http://unesdoc.unesco.org/images/0016/001606/160609eb.pdf) 2018 年 9 月 1 日アクセス

7　この組織は、2009 年に Service des Musées de France と名称変更されている。

8　前掲註 6 書、p.3

9　UNESCO『Museum』Ⅹ―1、1957、裏表紙

10　山本哲也「『博物館学』を遡る」『博物館学雑誌』33―1、2007、pp.117-131

11　日本博物館協会「広報」『博物館研究』30―1、1957、p.28

12　日本博物館協会「広報」『博物館研究』29―6・7 合併、1956、p.15

13　Washington Post Obituaries, Hiroshi Daifuku: UNESCO Official, 2012。ワシントンポストHP (https://www.washingtonpost.com/local/obituaries/hiroshi-daifuku-unesco-official/2012/07/24/gJQAr76H7W_story.html?noredirect=on&utm_term=.ccf30448e25c) 2018 年 9 月 30 日アクセス

14　原文はすべて英語 / フランス語が併記されているが、ここでは便宜上、副題以外は英語表記のみを記載した。

15　前掲註 9 書、目次

16　日本博物館協会「広報・ユネスコの『MUSEUM』誌日本特集号」『博物館研究』30―1、1957、pp.28-29。

17　前文の執筆者については ED. という表記のみである。しかしながら、表紙裏には Editor として Raymonde Frin（レイモンド・フリン）というユネスコ

Chaper 2　1960 年ユネスコ博物館勧告と日本の博物館

の博物館と歴史遺産課のプログラム特別官（Programme Specialist）の氏名が
あることから、Frin が執筆した可能性が高い。

18　Tsutsui, Y. The Local Science Museums in Japan, *Museum*, X－1, 1957, p.18

19　前掲註 18 に同じ

20　前掲註 3 書、p.160

21　日本博物館協会『博物館研究』35－12、1962、p.22

22　このセミナーへの評価は、当時国立自然教育園次長で欧州博物館事情への
視察経験も豊富な鶴田総一郎によって、議論の深まりも新しい知見の発見も
ほとんどなく、非常に不満の残る内容で終わったと指摘されている（「博物館
の運営について」『博物館研究』33－12、日本博物館協会、1960、pp.12-14）。

23　1960 年 9 月に「アジアおよび太平洋地域博物館セミナー」にて採択された最終
「勧告」については、正式名称が残されていない。ここでは仮に「セミナー勧告」
と記述した。なお、『博物館研究』（33、1960、p.19）のヘッダーには次のような
記載がある。「文書記・番号・PP/CA/Recommendations Tokyo, 30 September
1960」。この整理番号をもってユネスコに記録が残されているはずである。

24　前掲註 2 書、p.440

25　当時の日本では「セミナー勧告」の方が「1960 年ユネスコ博物館勧告」よりも
重視されていたことは、文部省社会教育局社会教育施設主任官の吉里邦夫の
次の文章からも読み取れる。「なお、セミナーで採択された勧告は、本年 11
月に予定されているユネスコ総会で提案される「博物館に関する勧告」にも大
きくとりあげられるであろうから、まことに重要な意味をもっているといわ
なければならない。」（『博物館研究』33－12, p.1）。

26　UNESCO　HP「Initial special reports of member states on action taken
by them upon the convention and recommendations adopted by the general
conference at its eleventh session（UNESCO, 1962）」（http://unesdoc.
unesco.org/images/0016/001604/160445eb.pdf）2015 年 10 月 1 日アクセス

27　1962 年 10 月 1 日の本来の締め切りに報告文が提出された国は 18 カ国であ
ったという（前掲註 26 書、p.2）。

28　前掲註 3 書、pp.167-169

29　鶴田総一郎「日本の博物館の教育活動の現状とその問題点について」『博物
館研究』31－10、1958、pp.21-31

30　前掲註 26 書、p.17

31　前掲註 26 書、p.25

32　前掲註 26 書、p.27

Chapter 3

2015年ユネスコ博物館勧告
採択の経緯

林　菜央　Nao Hayashi

2015年ユネスコ博物館勧告

はじめに

　国際連合の傘下にある機関は、加盟国の要請により、国際的効力を持つ法的文書を起草、採択することができる。これら法的文書は、法的な拘束力のあるものとないものに分かれる。前者の代表は国際条約であり、加盟国は条約を批准することにより、国内法をそれに準じたものに規定しなおしたりするなどして、国内で国際条約に定められる規約が遵守され、国際関係に齟齬をきたさぬよう推進することはもとより、対外的には、同じ条約を批准している他国との関係上において、当該条約に規定される条項にのっとって問題を解決せねばならないなどの義務も生じる。

　法的な拘束力のない後者の例としては国際勧告、宣言などがあるが、この章で詳しく解説する、ユネスコ加盟国によって2015年に採択された「ミュージアムとコレクションの保存活用、その多様性と社会における役割に関する勧告」（以下、2015年勧告と略す。巻末資料2を参照）は、法的な意味での遵守義務がない一方で、加盟国が法的手続きを行うことなく、勧告の提示する指針を政策や事業に反映することが、その意志さえあれば比較的簡単にできるというメリットがある。もちろん、法的拘束力がないゆえにその効力が薄いのではないかと危惧される方もあると思うが、国内法・国際法の枠組みを越えて多くの人々にその内容を理解いただき、ミュージアムやコレクションの保存活用に関する多様な取り組みのなかで具体的な指針としてもらうことができれば、それが理想であると考えている。また、この内容を実際に加盟国が執行するかどうかは、ユネスコの事務局としての取り組みにも大きくかかっている。4年に一度の

加盟国からの報告書の提出の義務付けは、その一端である。

　ユネスコの勧告及び国際条約に関する手続きに関する規定によれば、「勧告」とは、「（ユネスコ）総会がある特定の問題に関する国際的な規定についての原則と規範を示し、加盟国に対しその領土において必要とされる法制的及びその他の手続きを取ることを奨励するものである」[1]。よって、勧告は批准を必要とせず、加盟国が自主的に実施することを推奨する。ユネスコの最高決定機関によって採択されるものである勧告は、加盟国の国内法及びさまざまな実施例に影響を与えることを目的としている。勧告とは要するに基準設定の試みであり、1955年より、加盟国がその執行に関して報告を義務とすることが述べられているが、このような定期的な報告は実際にはあまりなされておらず、この点について改善が必要であると思われる。

　筆者はユネスコにおいて創設時からの長い歴史のあるミュージアムの分野で2007年から2017年まで働き、ミュージアム統括官として携わったプロジェクトの中でも、2015年勧告の草案起草から、加盟国との草案をめぐっての議論や折衝、政府間専門家会議における全体審理、ユネスコ総会における採択まで一貫して担当する幸運に恵まれた。そこで、第1章ではユネスコとミュージアムの歴史の流れをいわば記録からなぞる形であったのに対し、本章では筆者が直接関わり、実りも多かった仕事として、この2015年勧告の策定について振り返り解説してみることとしたい。

　ユネスコ創設時の憲章において、芸術作品の保存と保護が大切な使命として挙げられていたことは第1章で述べたが、40年代から70年代の戦後復興期には、戦禍によって散逸あるい

は損傷を受けた建造物やコレクションの復旧、目録の作成などが重要なミッションとされた。また、文化の民主化、人権としての文化へのアクセスの推奨のため、世界的な絵画や彫刻の傑作を高精度の複写技術で再現したり、それらを集めた出版物を刊行するプロジェクトも進められた。

その間、1960年代にはエジプトのヌビア文明の遺産、アブシンベル神殿をアスワンハイダム建設による水没から救おうというキャンペーンに代表される、今日の世界遺産ブームの起源ともなった大規模な国際遺産救済運動が世界各地で展開されることとなった。考古遺物の発掘、収集を伴うこれらの大きな運動によって、遺跡にしばしば近接したミュージアムの建設や設置が行われたらしいことは第1章でも述べた。

そして、1960年には第2章でも取り上げ、本章でも2015年勧告との関係で後述する「博物館をあらゆる人に開放する最も有効な方法に関する勧告」（以下、1960年勧告と略す）が採択された。

ユネスコは国際連合の中で唯一文化を職掌とする専門機関であり、遺産にまつわる多数の法的文書を採択しているが[2]、その中でミュージアムとそのコレクションはどのように扱われてきたのだろうか。その中でも、ミュージアムを中心的主題として扱った1960年勧告と2015年勧告の採択には、どのような時代背景があったのであろう。勧告が採択されるまでの経緯をたどることは、それ以前に策定された法的文書では何が不足だったのかが認識された過程を理解することでもあるだろう。欠如を補うために採択が決定されたことをふまえ、まずは1960年勧告と2015年を勧告を除く、ユネスコ内外の主要な法的文書

の中でミュージアムがどのように認識されているのか見ていきたいと思う。

1　ユネスコの主要な法的文書で扱われるミュージアム

ユネスコ創設の最も初期に採択された 1952 年の「万国著作権条約」[3] であるが、その第 1 条〔目的〕において、「各締約国は、文書、音楽的、演劇的及び映画的著作物、絵画、版画並びに彫刻のような文学的、学術的及び美術的著作物についての著作者及び著作権を有する他の者の権利の十分かつ有効な保護を確保するため必要なすべての措置を執るものとする」とされている。

次に、現在においても紛争下にある遺産の保護に関するその重要性が注目されている 1954 年に採択された「武力紛争の際の文化財の保護のための条約（ハーグ条約）」[4] は、ミュージアムならびにその他の文化諸機関を重要な保護対象としている。この条約の中ですでに、これ以降の法的文書の中で「文化財」と総称される cultural property という用語があらわれ、そこにはミュージアムが保持する可動文化財が含まれる。第 1 条の定義において、(a)美術品、芸術的、歴史的又は考古学的に意義のある書跡、書籍その他の物件、科学的収集、書籍若しくは記録の重要な収集又は前掲の財の複製品の重要な収集、また (b) 博物館、図書館、記録保管所その他の建造物であって (a)に定める動産文化財を保存し、又は展覧することを主要かつ実効的な目的とするもの及び (a)に定める動産文化財を武力紛争の際に防護するための避難施設、と明記している。

1956 年に採択された「考古学上の発掘に適用される国際的原

則に関する勧告」[5]の対象は「歴史上又は、美術、建築上の見地から公的価値を有するあらゆる遺物」「最も広い意味における考古学上の価値を有する記念物および移動の可能または不可能な物のすべて」（I定義　保護財　第2項）であり、第11項に「重要な考古学的遺跡には、観覧者に展示された遺物の意義を了解せしめるため、教育的性格の小展示、必要に応じて博物館を設置すべきである」とある。

この頃、1960年勧告が採択された。

1962年に採択された「風光の美と特性の保護に関する勧告」[6]とミュージアムとの接点は、都市整備・開発に関する部分であると思われるが、特に孤立した風致地区の計画に関する第20項で、「孤立した小さな風致地区は、自然的人工的たるを問わず、特殊な関心をひく風致地区の一部分と同じく計画化されなくてはならない。絶景を与える地域及び価値ある歴史的記念物をとりまく地区ならびに建造物も計画にいれなくてはならない。……」と述べられており、これは主に歴史建造物をそのまま使用しているミュージアムや、景観保護地区の中にあるミュージアムに関係するであろう。

続いて1964年に、1970年に採択される条約の前身である「文化財の不法な輸出、輸入及び所有権譲渡の禁止及び防止の手段に関する勧告」が採択され、再び「文化財」についての定義を行っている。「「文化財」とは、国の文化的遺産にとって大きな重要性を有する動産及び不動産、例えば、美術品、建造物、文書、図書その他芸術的、歴史的又は考古学的に価値のある財産、民族学的資料、動植物の模式標本、科学的収集、図書及び古文書（音楽に関するものを含む。）の重要な収集等をいう」（I　定義

第1項)とされており、テーマが不法取引であることから、1954年ハーグ条約の該当定義をさらに可動文化財に特定・詳述したと思われる。

1968年、世界中での都市化や開発に伴う考古遺産をはじめとする文化財の喪失や損害を危惧する風潮を背景として採択された「公的又は私的の工事によって危険にさらされる文化財の保存に関する勧告」[7]では、「考古学的又は歴史的遺跡その他の場所で発見される文化的重要性を有する動産（不動産中に所在するもの又は不動産から回収されるもの及び地中に埋蔵されているものを含む。）」（I　定義　第1項b）あるいは「建築学的、考古学的及び歴史的遺跡及び構造物で周知され及び指定されたもののみでなく、まだ指定され又は分類されていない過去の証跡並びに芸術又は歴史的に重要な近年の遺跡及び構造物をも含むものとする。」（第2項）となっており、不動文化財が対象であるが、埋蔵遺産も含まれている。この勧告は、アブシンベル神殿救済運動などが背景にあるものと推測されるが、「一般原則」として、「文化財の救済作業によって入手された重要な動産文化財（考古学的発掘によって回収された代表的標本を含む。）は、研究用として保存し、又は博物館（遺跡博物館を含む。）、大学等の施設に陳列すべきである」（第12項）とある。また「教育」の項目で、「博物館、教育機関その他の関係団体は、統制のない公的又は私的の工事が文化財に及ぼす危険並びに危険にさらされた文化財を保存し又は救済するために執られた措置を紹介するための特別の展覧会を企画すべきである」（第34項）と見られるように、ミュージアムが一般市民の遺産保存の対する意識を高めるために行うべき活動について推奨している。

さて、ユネスコの既存の法的文書の中で最もミュージアムとの直接的な関係が深い1970年条約（「文化財の不法な輸入、輸出及び所有権譲渡の禁止及び防止の手段に関する条約」）[8]は、世界で初めて文化財の不法取引や移動についての法的措置を国際的に設定したものである。ミュージアムに関わるスタッフや研究者が、コレクションの収集や譲渡に際して留意すべき法的かつ倫理的な方針も定められている。この条約に記されている文化財の定義は広義にわたり、ミュージアムのコレクションの多くを網羅している。条約にはさらに、国内法や条例の制定、文化的遺産の保護に従事する国内機関の設置、また文化財の保全と紹介のために不可欠の機関としてミュージアムの設立の重要性が述べられている（第5条）。また、その国外輸出が国家の文化的遺産の貧困化につながるため、保護を受けるべき公的私的な文化財の目録の作成が、締結国が行うべき義務として挙げられている（第5条b）。この条約は、締結国として国家を主な対象としつつも、国家にとって重要であるという条件で私的な文化財も含めている。ただし、国際的な公法による私的コレクションに関する制御には限界があり、後に述べるように補完的な法的文書が必要であると認識されることになる。

不法取引の防止にミュージアムが重要な役割を果たすことに鑑み、学芸員が倫理上の原則を遵守すること（第5条e）の重要性も明記されており、文化財の流通、輸出入に関しては、適切な証明書を作成すること（第6条）が求められる。国家が自国内のミュージアムに対して徹底すべき条項として、この条約の発効後にほかの国から不法に輸出された文化財を取得することを禁じ、ミュージアム、公的建造物などから盗まれた文化財の輸

入については、「その文化財が当該機関の所有物として目録に記録されている場合」禁止されるとしている。ユネスコが現在においても、主に開発途上国のミュージアムへの援助においては目録の完備、標準化を強く推奨し、多数の人材開発事業を行っているのはこのためでもある。目録の不整備、また世界平均で90％の所蔵品が収蔵庫にあるとされているにもかかわらず、収蔵庫の管理に多大な問題があることは筆者も上記の人材育成事業のため多くの国のミュージアムを訪問し切に感じた部分であった。条約はまた、不法に輸入あるいは盗難された文化財の回復・返還の可能性についても複数の条項を擁するが、返還要請を行う当該国が、文化財の善意の購入者又は当該文化財に対して正当な権限を有する者に対し適正な補償金を支払うという条件が課される（第7条 b、ii）。

　今日ではおそらくユネスコといえば思い浮べる方が多いだろうと思うほど有名になった世界遺産であるが、その登録制度を規定する1972年の「世界の文化遺産及び自然遺産の保護に関する条約」（世界遺産条約）[9] には、意外なことに明確なミュージアムに関する記載はない。しかし、条約で保護されるべき文化遺産には「記念工作物 記念的意義を有する彫刻及び絵画、考古学的物件又は構造物、銘文、洞窟住居並びにこれらの物件の集合体で、歴史上、美術上又は科学上顕著な普遍的価値を有するもの」とあり、少なくとも彫刻と絵画、考古遺物については含められていると認識できる。

　例えばドイツ・ベルリンのミュージアムアイランド[10] や、ベルギーのプランタンモレトゥスミュージアムコンプレックス[11] は、世界遺産と認定され保護されている例である。とはいえ、

Chaper 3　2015年ユネスコ博物館勧告採択の経緯

建造物としてのミュージアムの中にあるコレクションの保護に視点をあてれば、登録によってこれらの構成物がいかなる恩恵を受けるのかについては曖昧さが残るのも否めない。近年のシリア紛争による博物館への甚大な被害、イラクにおけるIS（過激派組織「イスラム国」）によるモスール博物館での展示物破壊などは記憶に新しく、現行の国際法規の枠組みは、紛争下における遺産の実際の破壊防止に対する十分な抑止力、執行力がないことは明白である。希望があるとすれば、2016年に国際刑事裁判所によって、マリの世界遺産として認定されているトンブクトゥにおいて破壊行為を行ったイスラム過激派の元責任者に対し、文化財破壊の罪で有罪判決が下されたことが挙げられるであろう。また、国連安全保障理事会も文化財の破壊と、その不法取引がテロなどの資金源になっている問題を重く見て、近年一連の決議を採択しており、2017年3月、全会一致で採択した決議2347によって文化遺産に対する破壊行為と不法な搾取を明確に非難し、各国にこれを防ぐための行動を呼びかけたことも特筆に値する。

　ミュージアムと世界遺産の関係について今日注目すべきは、世界遺産の普遍的価値について、登録された遺産に関係するあるいはそこから出土した遺物を保存管理するミュージアム、あるいは遺産についてさまざまな知識を提供する情報センターの重要性であろう。これらの施設は、文化遺産についていえば、遺跡の一部である、したがって登録の際に不可欠とみなされる遺産の真正性や全体性の維持の上で重要である可動文化財を保全するという技術的な役割のみならず、世界遺産の意味、その普遍的価値を訪れた人々に伝えるという大きな使命がある。世

界遺産は一国の歴史や栄華に関連付けて紹介されることも多いが、実は当該国にとってのみではなく、世界の歴史、発展、相互にもたらされた社会文化芸術的影響にどれだけ重要な役割を果たしたか、ということが大きな登録基準なのである。したがって世界遺産の理念を理解するにあたって、遺跡を訪れただけでは見えてこないそのような歴史上の意義の理解や、なぜ世界遺産の保護は世界市民の義務であるのかという認識の深化は、このような施設なくしては不可能であるからである。特に実際の遺跡へのアクセスが困難な場合、複数の物件が1つの遺産物件として登録されているセリアル登録の場合、広大な考古遺跡や自然公園などについてはミュージアムや情報センターの役割は大きい。また近年、世界遺産の保全活用は地元共同体の参画なくしてありえないという議論が高まっている。

　多くの世界遺産は、莫大な観光収入源であるにもかかわらず、遺産の周辺社会はその公正な恩恵に浴しているのかという疑問は絶えず投げかけられている。遺産関連のミュージアムや情報センターは十分な予算や人的資源が足りないところも多いが、中には地元住民や生徒への教育プログラム、共同体が産出する商品をショップで販売するなどの取り組みも行われている。筆者が2011年から2015年まで日本政府のユネスコ信託基金によりメコン三国で行わせていただいた世界遺産サイトミュージアムプロジェクト[12]でも、このような取り組みを行った。

　1976年には、開発には文化的側面を重視せねばならないという議論が発展してきたこととも関連して、「大衆の文化生活への参加及び寄与を促進する勧告」[13]が採択された。この前年

にはユネスコ総会が、「国際的文化協力の原則に関する宣言」[14]を採択しており、「各文化は、尊重され、かつ、維持されなければならない尊厳及び価値を有する。」と述べている（第1条）。同勧告の中では「公共図書館、博物館等の文化センター及び文化機関を利用させることにより、教育的価値を有し、かつ、創造の可能性を付与する伝達及び表現のための機材及び設備の活用を奨励すること。」（鼓舞活動第9項(c)）が記されている。

1976年には「文化財の国際交換に関する勧告」[15]において、「多くの文化施設が財源のいかんを問わず、記録が十分に整っている確実な質及び出所の文化財の同一又は類似の物件を幾つか重複して所有しており、これらの物件のうちには、沢山あるがために当該施設にとっては余り重要ではないが、他の国の施設においては貴重品として歓迎されるものがあることを考慮し、足りないもののために余分なものを分け合うことによる文化施設間の組織的な交換政策」（前文）を推奨する。

1978年「可動文化財の保護のための勧告」[16]は、「多数の博物館及び類似施設の新設、展覧会数の増加、コレクション、記念工作物及び考古学上の遺跡を訪れる観覧者の着実な増加並びに文化交流の強化を通じて、今日世界各地で表われている文化財に対する大きな関心」（前文）を前提として、当時採択されていた一連の条約・勧告を補完するものとして採択された。その対象は、70年条約などよりもさらに広義であり、特に現代美術作品や民俗資料をも包含している。具体的な勧告内容は、ミュージアムにおける危険防止についての詳細な措置、宗教建造物及び考古学的遺跡内に所在する可動文化財について、また国際交換に際しての梱包、行政手続き等の注意点など、技術・

法的な観点からかなり詳細に述べられている。

1980 年には「動的映像の保護及び保存に関する勧告」[17]、「芸術家の地位に関する勧告」[18] が採択されているが、前者には特にミュージアムに関する記述はなく、後者には「芸術家に、国及び地方レベルでの教育及び社会的サービスの関連分野並びに図書館、博物館、学会及びその他の公的機関において就業の機会を与えること。」（Ⅵ第1項d）および「芸術の普及及び芸術家と大衆の交流の促進に資するために必要な施設（博物館、コンサート・ホール、劇場及びその他の集会場）の発展を奨励すること。」（同e）と、芸術家の活動の場として述べられている。

1989 年、言語、パフォーマンスなどを含む無形文化財の保護の機運が高まってきたことも受け、「伝統的文化及び民間伝承の保護に関する勧告」[19] が採択され、民間伝承の保存のため、「伝統的かつ民衆的文化が展示可能な、博物館又は既存の博物館内の民間伝承部門を設立すること。」（C(c)）、また、普及のため「例えば、最近の実地調査に基づくビデオ・フィルムのような教材を作成するための既存の組織及び新しい組織の創設を支援し、かかる教材が学校、民間伝承博物館、国内的及び国際的民間伝承フェスティバル及び展覧会において使用されるように奨励すること。」（E(d)）などが記されている。

2001 年に採択された「水中文化遺産保護に関する条約」[20] は、この遺産を保護するためにミュージアムと協力することを推奨し、2001 年の「文化的多様性に関する世界宣言」[21] および2003 年の「文化遺産の意図的破壊に関するユネスコ宣言」[22] も、ミュージアムに示唆を与える重要な文書である。

2003 年の「無形文化遺産の保護に関する条約」[23] では、本文

でなく執行の手引きの中に、ミュージアムは無形文化遺産の収集、記録と保存データにとって、また公共情報のために重要な施設であり、そのために行うべき活動を列挙し（109）、緊急の保護を要する無形文化遺産に関する情報伝達の担い手である（118（b））としている。

2005年の「文化的表現の多様性の保護及び促進に関する条約」[24] の採択によって、ユネスコはその文化に関する法的措置の範囲を、「遺産」から同時代的創造性と表現に広げることになった。同条約はミュージアムに直接言及はしていないが、グローバリゼーションが生み出す課題の認識を背景に、文化の多様化の認識を強く主張しているため、発信者、表現者の表現する場として、そのような多様化の担い手であるミュージアムはこの条約にとっても重要なパートナーであると思われる。ローカルプロダクトの発達と流通による文化・創造産業の発展にも、ミュージアムが重要であることは言うまでもない。

2　ユネスコ以外の国際法規文書とミュージアム

ユネスコが扱う主に文化を主眼とした国際法的文書以外にも、ミュージアムや文化に抵触するものが存在する。

1886年に採択されたベルヌ条約[25] は、文学・芸術的作品の保護を扱い、1979年に改定されているが、1996年の著作権に関する世界知的所有権機関条約[26] と同様、ミュージアムのデジタルコンテンツや教育活動に重要な事項を含んでいる。

1949年のジュネーブ条約[27] に付加された1977年のプロトコル（53及び85（4）（d））、また1998年の国際刑事裁判所ローマ規定[28] は、軍事的目的ではない宗教、芸術に関する建造物や歴史

的建築物に対する意図的な攻撃に関する罰則を定義している。

また、1992年の「生物多様性に関する条約」[29]およびアケオン指針[30]も、主に自然科学に関する物品などを所有するミュージアムにとって、先住民族や地域住民との関係において重要な指針である。

1995年に、文化財の不法取引に関し、前述した1970年条約による取り組みが十分でない私法分野における問題を扱うため、「盗取され又は不法に輸出された文化財に関する条約」（UNIDROIT条約）[31]が採択された。盗まれた文化財の返還請求権などを定めたこの条約は、対象品が国家の目録に記録されていることを前提とするユネスコの条約と異なり、批准国が盗取あるいは不法輸出された文化財に対して、公的財産であれ私有財産であれ同じ対応をすることを求め、また国内の裁判所から直接返還請求を行えることなどが特徴である。この条約は、ミュージアムが購入を検討する物品の素性についての適切な注意の必然性について述べる。

2005年ヨーロッパ評議会が採択した、「文化遺産の社会的価値に関する条約」[32]も、ミュージアムとそのスタッフにとって重要な事項が含まれる。

2007年の国連「先住民族の権利に関する国際連合宣言」[33]も、ミュージアムが保有する先住民に関する文化財や遺骨などに関する政策の未来にとって重要な意味を持っている。

3 1960年勧告から2015年勧告へ

こうしてユネスコ創設期からの法的文書を振り返ってみると、その中で扱われているミュージアムは、ミュージアムの仕

事全体ではなく、当該の条約や勧告のテーマに関わる一部分であると言えるのではないかと思う。1954年ハーグ条約で認識されている施設としてのミュージアム、1956年勧告における考古遺物を保存展示するためのミュージアム、1970年条約における不法取引の対象として守られなければならない文化財あるいは個人の所蔵品を擁するミュージアム、2003年条約の無形遺産についての知識を収集し情報を伝達する機関としてのミュージアムなど、ほとんどの法的文書に言及されてはいるものの、1954年と1970年の条約には比較的ミュージアムの比重が大きく、1978年の勧告が可動文化財の保護全般を扱っているのを除けば、ほかの文書ではほぼマージナルな扱いに過ぎず、世界遺産条約や文化的表現の多様性条約などにはそれ自体としてはまったく記載されていない。

　過去の勧告の中でミュージアムをそれ自体のテーマとして扱っているのは1960年の「博物館をあらゆる人に開放する最も有効な方法に関する勧告」[34](以下、1960年勧告と略す)であるが、当時の総会決議などを見ると、ミュージアムが「文化の豊かさと人間の達成」を表すものであるにもかかわらず、当時の世界における一般市民のミュージアムへのアクセスが非常に低いことが憂慮されている。一面では、当時行われていた複製絵画カタログプロジェクト、ヌビア救済キャンペーンによるエジプト文明に関する活動などはいまだに専門性の高さや知識が求められる内容であるのに対し、この勧告は、一般市民の自国でのミュージアムへのアクセスという限定した内容を、ミュージアムのオペレーションの形態、展示配置、広報、また地域社会との協力という数少ない切り口から扱って、保存修復などの技術

的問題には言及していないことも留意する点であろう。この勧告は、工業化の進行と、余暇の時間の増大、それに伴う新しい社会的生活条件の変容という時代の背景に強く呼応したものであり、したがって、市民の文化的な進歩、教育、インスピレーションの源泉としてのミュージアムの役割が強く前文で強調されている。加盟国は、自国のミュージアムが経済的、社会的地位に関係なくあらゆる人に解放されるよう最善を尽くすことが求められている。また、わかりやすい展示の仕方、開館日や時間の調整、入場料の無料化が推奨されている。

さて、1960年から55年ぶりで、ミュージアムを専一のテーマとして2015年に採択された「ミュージアムとコレクションの保存活用、その多様性と社会における役割に関する勧告」(2015年勧告)[35]であるが、この勧告についての具体的な動きは2011年のユネスコ総会[36]で、複数の加盟国からなる決議案が出されたことに始まる（決議46）。ユネスコが採択する法的文書は、種類に応じて、内規に沿った手続きを厳密に踏襲してその起草可能性の検討、草案作成、採択、執行の監督を遂行することが必要になる。2011年の決議では、ミュージアムがユネスコ憲章に定められた目的と機能、特に相互の知識と理解とに貢献するという認識を再確認するとともに、ユネスコの既存のさまざまな法的文書の執行にミュージアムが果たす役割も大きく、ミュージアムとコレクションの保護と活用にあたっての課題の数々に対処することが必然であるにもかかわらず、それを専一のテーマとして扱った法的文書が存在しないことが指摘されている。この段階で、すでに未来の勧告はミュージアムというハコの部分あるいはコレクションという中身の部分のどちら

かではなく、その2つを備えた総体として扱わなければならないとされていることがわかる。

また、教育、科学、文化の推進および個人的、共同体的記憶の表現、人間の発達と社会変容のための思考を推進するようなミュージアムとコレクションの役割についての考察を推進することの必要性を認め、加盟国における文化分野の公的政策を強化するためのユネスコの法的文書の重要性、記憶への権利、文化的アイデンティティの強化、民主主義の強化のための公的政策におけるミュージアムの役割に言及する。さらに、1972年の3月にチリのサンティアゴで開催された現代世界におけるミュージアムの発展と役割についての地域会議で採択されたサンティアゴ・デ・チレ宣言（以下、サンティアゴ宣言）に基づき、ミュージアムの社会的役割の奨励について再び述べている。

こういった認識を前提として、190回執行委員会に対し、議題にこの条項を追加すること、また、ブラジルが資金援助及び場所提供を行ってこの調査報告の準備のための専門家会合を開催することが決定された。

190回執行委員会[37]では、前年の総会決議を受けて、2012年の7月にリオデジャネイロで開催された専門家会合の結果が報告されている。この会議はユネスコとIBRAMの共催で、国際博物館会議（ICOM）の協力を得て行われた[38]。この会議で強調されたのは、世界におけるミュージアムの数と種類の増大と、文化間の対話、平和の構築、環境、経済問題に関するフォーラムとしての役割が変化し続けていること、ミュージアムの文化観光と雇用創出に関する貢献と潜在的な可能性、一方で人的あるいは自然災害の増加や、文化財の不法取引のような脅威に照ら

して、人材、技術、法的、財政的な不足が明らかであるという点であった。

会合に参加した専門家らは、保存と安全に不可欠の技術的人的資源を確保し、コレクションの保存と教育活動のためにミュージアムのシステムを近代化するための能力を育成する必要性を強調した。また、現存のユネスコの文化関係の条約や勧告はミュージアムやコレクションの保護や活用についての必要性について十分に対処しておらず、教育や社会的な機能といったミュージアムの新しい重要な側面を反映していないため、新しい法的文書によって加盟国政府に対し、持続的開発、ノンフォーマル教育、社会的変容、地域社会の参画、人的資源、情報技術、危機回避や安全対策などに対応することで21世紀におけるミュージアムの課題と必要に応え、自国の政策や法律を発展、採択、強化するよう求めることが有意義であると結論した。

2013年春の第191回執行委員会[39]では、新しい法的文書の作成のために2012年に行われた2つの独立調査の結果が発表された。

法律・技術面に関する報告書[40]は、ミュージアムとコレクションの活用と保存に関する国際的な法規を中心テーマとして分析している。報告者は、1つのテーマに重点的にフォーカスする宣言、作成にかかる時間や財政的負担が懸念され、また国際的な法的義務を生じるものであるゆえ政治的な理由に左右されやすく、ともすれば技術的な観点が弱体化することが多い条約は新しい法的文書の形態として最適とはいえず、勧告であれば、専門的な内容を扱い、時勢に応じた修正も条約に関するほど

困難ではなく、また各国が必要にそって適宜勧告の趣旨を応用して政策を立てることができると述べる。また、1960年勧告が、ユネスコ加盟国が97カ国に過ぎなかった当時、また冷戦の影響下にあったため、その趣旨は世界的には奨励されることが難しかったという見解を述べ、過去50年間に起こった変化、また各国のミュージアムやコレクションに関する法規の複雑性、多様性を考慮し、変化する状況に適応した新しい法的措置を導入することを援けるような、範囲の広い、適用しやすい内容にするべきと提案した。ミュージアムの専門家にとってコレクションとみなされるものが、必ずしも法的な見地と一致しない場合などもあり、あらゆる「コレクション」がこの勧告の対象とされねばならないのかどうか、所有者の意向は反映されるべきか、など、今読んでも参考になる事項が多く含まれている。

博物館学的見地からの報告書[41]は、より歴史的な視点から、世界のミュージアムにおける近年の変遷と問題について分析する。ミュージアムというコンセプトが遺産全般に敷衍するものになったこと、ミュージアムが社会システムの一部であり、社会統合の重要な担い手であるという認識が示されている。地域社会における観光資源として、また文化・創造産業の発信者としての経済的役割も指摘されている。報告者は、この2点に加え、ミュージアムの根本的機能である遺産の保存と教育という3つの柱がバランスよく扱われることの重要性を主張する。博物館学の専門家で、ICOMにも近い報告者になるものであるゆえ、国際的なミュージアムやコレクションの定義、その機能に関する考察が広く提示されている。また歴史的なミュージアムの変遷を、冷戦時代の東側各国における政治的機関と

しての役割、商業活動の不可避、建築や都市計画との関係、コミュニケーションの主体としてなど、さまざまな視点から論じている。

　一方ミュージアムを巡る国際協力の潮流、市民社会との関係などについても分析し、法的観点の報告者と同じく勧告の対象となるミュージアム、コレクションの定義の鮮明化、社会における増大する存在感と役割、現存の法的文書では包括しきれていない全体像をカバーし、その文化的経済的役割について適宜扱うため、新しい法的文書が作成されるべきであると結論する。この2件の調査報告書に対する加盟国からのコメントとして[42]、例えばブラジルが、報告書が言及する事実が主にヨーロッパや北アメリカなどの先進国の状況に偏り、南アメリカやアフリカの現状をほとんど反映していないこと、これらの地域ではミュージアムについての法的な規定は整っていないことなど興味深い指摘を行っている。筆者も、報告書の大筋については大変大きな学びを与えてくれるものであると考えるが、現状把握の地域的偏りについては同感で、アジアにおいても独自の発達をとげ、現在も大きく発達を続けているミュージアムの現状についてほとんど触れていないことが残念ではあった。未来には、世界に向けて発信を行ってくれるアジア出身のミュージアム専門家の活躍を強く望むゆえんである。

　この2つの報告書の内容を汲み、執行委員会は、ミュージアムに関する新しい法的規範が必要であると結論した。また、1960年に扱われたアクセスの問題は新たに今日の文脈の中で再考されるべきこと、などが報告書に確認の形で述べられている。勧告採択までの手続きに関しては、2013年の11月の総会

に、仮報告書と執行委員会の意見上申を提出し、この法的文書を勧告の形で採択するべく、草案を作成するよう事務局に対し要請することを提案した。

同じ年の第37回総会におけるこの法的文書に関する議論では[43]、複数の加盟国からこのような法的文書は1960年勧告及び1970年条約との重複になる可能性があり、当時の財政的な問題や、採択後のモニタリングなどにも十分な見通しがないという意見があった。

一方、多くの加盟国代表はユネスコの文化分野のスタンダードセッターとしての役割を認めて、この新しい法的文書の作成に賛同した。ミュージアムに関する唯一の国際文書は1960年勧告を最後に作成されておらず、そもそもその勧告自体がミュージアムへのアクセスのみを扱って、現代社会におけるミュージアムの現状を反映していないこと、また、1970年条約は不法取引に特化された法的文書であり、新しく提案された法的文書が目指す目標を達成することはできないと結論した。勧告は法的拘束力はないが、国内において適当な法体系と人的物的資源を備えていない国に対する指針を定めることができることが強調された。

結論として、この総会の決議案には、事務局は次回の総会（2015年）に対して法的文書の草案を提出することが掲載され、新しい法的文書を作成することが公式に決定されたわけである。

さて、総会に対して勧告の草案を提出するためには細かい手続きがあり、事務局は2014年の9月、加盟国に対して事務局長の名でこの新しい法的文書に関する仮報告書を添付した正式書簡[44]を発出し、加盟国の意見を次回の総会の10カ月前に

あたる 2015 年 1 月を期限として求めた。この時点で、仮報告書に対する加盟国の反応をふまえ、総会 7 カ月前の 4 月には文書の草案を配布し、5 月には規定どおり、政府間専門家会議を行って草案について審議を行うことが決定した。草案の最終案は、総会の 70 日前に配布されなければならないことになっている。

2014 年の 10 月の執行委員会[45] では、上述の 2015 年 5 月に開催予定の政府間会議についての詳細が議題にかけられ、加盟国に対し技術代表の指名を求めること、その他参加者として招待するオブザーバーや機関のリストが添付され、執行委員会に承認された。

2014 年の夏から、筆者はユネスコの文化セクターで唯一のミュージアム業務担当者兼統括官となったので、2016 年末までの 3 年弱はユネスコでの生活の中でも最も忙しい時期になったことを今でもよく覚えている。

2015 年 1 月、仮報告書に対し、32 の加盟国から反応があった。その内容は、まだ勧告の草案が出ていないので一般的であることは否めないが、事務局は ICOM とともにこれらの指摘を注意深く検討し、作成途中の草案に反映する努力を行った。多くの加盟国はコメントを寄せてくることもあって、勧告の作成に非常に好意的であり、ミュージアムに対する担当官の深い思い入れが感じられるコメントも複数あった[46]。また、いくつかの加盟国自身が指摘したことでもあり、筆者もさらにその思いを強めたのであるが、エキスパートによる前述の 2 件の報告書は、やはりミュージアム先進国を主とした現状把握であり、開発途上国の現実をもっと考慮し、勧告の内容を普遍的にする努

力の余地がまだあると痛感させられた。

　全体の方針としては、勧告は政府とエキスパートとに異なったレベルでアプローチするべき（カナダ）、ミュージアムに関する世界的統計の必要性・既存の条約等を補強する役割の強調（チェコ共和国）、既存のミュージアムに関する法令との整合性、補完性（デンマーク・ポルトガル・ベルギー・ブラジル・チェコ共和国・オランダ・スロバキア・スウェーデン・トルコ）、国内での法整備を促進するような方向性を期待（タンザニア）などが議論された。

　ミュージアムやコレクション、遺産の定義については、コレクションの保存に多くの重要性が与えられてきた従来の定義から脱し、ミュージアムの今日的な定義を十分に考慮するべき（ブラジル・チェコ共和国）、対象には価値体系、知識、デジタルなども含められるべき（ブラジル・中国）、無形遺産を勧告の重要なテーマとして提案し、遺産の包括的把握を願う（タンザニア・ブラジル・カナダ・スウェーデン）などの意見が述べられた。

　社会的役割に関しては、ミュージアムと先住民族との関係（カナダ）、ミュージアムと持続的開発との関係（経済的効果、環境保護）をもっと明示的に示すべき（チェコ共和国・オランダ）、経済的な効果を狙った観光の集客のための機関となる危険性を避けねばならない（ザンビア）、共同体形成とアイデンティティ保全の強化に関する役割（エクアドル・ハンガリー）などについて発言があった。

　経済的役割に関しては、マーケティングや広告活動の必要性（ブルガリア）がある一方、新たなタイプのミュージアムの増加による副作用、搾取などネガティブな影響もある（スロバキア）。

　科学的役割については、研究機関、知を生み出す機関として

の重要性（ブルガリア・カナダ・ブラジル・チェコ共和国・エジプト・ラトビア・スロバキア）、地域共同体への教育的奉仕（ヨルダン）などが指摘された。

　教育的役割については、教育機関、生涯教育におけるミュージアムの重要性（ラトビア・アルゼンチン・コロンビア・チェコ共和国）、ICT など先端技術との関係では、ヴァーチャルコレクション、目録作成などにおける ICT の役割（チェコ共和国・エジプト・ブルガリア・カナダ・ラトビア・オランダ）に多くのコメントがあった。

　ミュージアムの職員の能力開発の必要性（チャド）など人的資源開発の必要性、ICOM による倫理的規定は、それぞれの文化・国の必要性とできることを考慮して適用されるべきである（エジプト・カナダ）などの意見も特記しておきたい。

　さて、5 月の政府間委員会に先立って、事務局は 1 月に回収した加盟国からの上記のコメントをふまえて起草した勧告の第一草案[47]を加盟国へ送付した。この第一草案について、以下特徴を述べたい。

　まず、今までのタイトルであった「ミュージアム及びコレクションの保護と活用に関する勧告」に付加して「それらの多様性と社会における役割に関する勧告」とし、複数の加盟国から示された、勧告は従来の有形・可動遺産のみならず幅広く現代のミュージアムが扱っている広義での「遺産」を含めたいという意思を汲むこととした。

　コレクションの定義については、勧告の扱う内容をミュージアム中心のものとするため、ミュージアムに保持され、目録に記載されたものとした。勧告中でのコレクションは広義の「遺

産」として定義されているが、既存の条約で定義されているものに加え、現代社会における作品特にデジタル化されたものなども含めると明記した。ICT のミュージアムにおける重要性については明記するものの、複数加盟国から指摘のあった著作権などの問題については、当勧告が法的拘束力を持たないことにも鑑み、この問題を専門に扱う法文書に準ずることとした。また、コレクションの購入、その由来、移動、ミュージアム運営の技術的問題については、勧告の中では深くは扱わないこと、また不法取引や戦時下でのミュージアムやコレクションの保護などについては既存の条約で特に扱われているため、草案では一般的な言及をするにとどめた。

　また、国際的なミュージアムコミュニティーにおいてコンセンサスが得られていないため、コレクションの所有権及び分類の仕方については詳述せず、コレクションのモビリティ（移動）については、その完全性、教育や研究といったミュージアムの基本的機能に関する点のみについて言及し、ミュージアムやコレクションの運営・行政に関しては加盟国間で多大な環境の相違があるので、基準を設定するのは困難であるため、モデルとなるような事例をほかの場所で共有することとし、勧告の中では詳しく扱わないこと、また先住民族との関係におけるミュージアムの役割においても、加盟国の間で大きな相違があるので、直接には扱わないことを提案した。

　この第一草案と付加された報告書に対し、21 カ国からのコメントを受け取り、その内容[48]を汲みながら第二草案を政府間会合のワーキングドキュメントとして作成した。

　2015 年 5 月 27 日と 28 日の 2 日間にわたり、160 人以上の専

門家の参加を得て政府間会合がユネスコ本部で第二草案を審理するために行われた。会合は、大筋では第二草案の構成と内容を承認したが、延長審議も含め非常に活発な討論が行われ、数多くの変更が導入された。この政府間会合で承認された第三草案が、2015年（平成27）11月13日に第38回総会に提出され、文化分科会において国際勧告は全会一致で採択された。

4　2015年勧告が採択されるまで

それでは、この2015年勧告の内容[49]について、専門家会合での審理の様子も交えて解説したい。

勧告は大きく4つの部分に分かれており、前文・イントロダクションに続く「I. ミュージアムの定義と多様性」「II. ミュージアムの主要機能」「III. 社会におけるミュージアムにとっての課題」で、ミュージアムをはじめ勧告で扱われる関連事項の定義、ミュージアムの主要な機能および今日の社会における課題について述べる。この部分は勧告そのものというよりは、ミュージアムとコレクションのあるべき役割と姿についての理想像を示すものとも言える。勧告の中心部分となる加盟国への提案事項は、主に「IV. 政策」である。

まず前文においては、勧告の全体的な趣旨やその成立の根拠や必要性が語られる。新勧告は、ユネスコ憲章に遡り、文化財保存・保護におけるミュージアムの重要性を再確認し、ユネスコの活動の近年の重要な柱である持続可能な発展と異文化間の対話という目標に果たす役割を強調している。筆者自身勧告採択前の数年間、ユネスコが文化を2030年の開発目標に組み込む活動を、文化担当事務次長の官房において兼務して担当して

きたので、ミュージアムが環境教育や文明間の対話に果たす役割を勧告前文に強く主張するべきと考えたこともある。

イントロダクションでも、持続可能な発展とミュージアムの関係について重ねて言及している。これまでのミュージアムに関する条約などでの扱いは文化遺産が主であったのに対し、ここでは科学博物館や自然遺産を扱うミュージアムやコレクションも含められるように配慮している。

「Ⅰ.ミュージアムの定義と多様性」は、勧告が扱うテーマの定義である。既存の条約や勧告に比較するとより今日的・包括的な定義を採用し、また国際博物館会議（ICOM）の定義と比較しても、より各国の多様性に配慮した一般化された定義を行うことに成功したと思う。また、ミュージアムで保存活用されるべき遺産の定義として、従来のような可動遺産、有形遺産のみならず、2003年及び2005年の条約の対象である無形遺産や文化的表現も含まれたことが注目に値する。

「ミュージアム」の定義については、私的なミュージアムを明示的に含めるか否かという点での議論が難航したが、基本的にはICOMによる定義を採用し、非営利で恒久的な、公衆に開かれた施設という表現にすることで、プライベートであっても国家にとって重要性があるもの、また一般に公開されているものについては含めることができたが、今後の課題として、増加する私設ミュージアムやコレクションの扱いをどのように国際的なスタンダードに近づけるかという点が残された。

「コレクション」については、加盟国各自の法的・文化的な定義の多様性に配慮し、ICOMの定義を大幅に一般化した。この定義については、前述の第一草案と比較していただくとかなり

短くなったことがわかると思う。多くの議論があったが、最終的には非常にシンプルで各国がそれぞれの必要性に応じて解釈できる余地を残すところでコンセンサスに達した。

さて、本勧告では「遺産」が、ミュージアムが保存活用していく対象として総括的に言及されている。「遺産」の定義については、既存のユネスコの諸条約の定義および2005年にヨーロッパ評議会の採択した「文化遺産の社会的価値に関する条約」[50]による定義を大前提としているが、過去の歴史の遺物としての可動・不動文化財としての物品以外に、無形遺産条約、文化的表現に関する条約の対象をも「人々のアイデンティティや信条、知識と伝統、生活環境を反映し表現するもの」として、明確にその定義に含めているところが注目される。ノルウェー、スウェーデンなどがこの点については強く主張した。

続けて「Ⅱ.ミュージアムの主要機能」では、ミュージアムの4つの主要機能が述べられ、現代社会におけるミュージアムの機能が定義された。ICOMの定義に含まれている3点に加え、教育を独立した項目として付け加えたのは、持続的開発目標における教育の重要性を独立して認識する必要性があるからと判断されたためである。

ミュージアムの主要機能の第一として、勧告はまず遺産の保護保存の義務について第7項において詳しく述べ、第8項で専門的な目録作成と定期的検査の重要性を挙げている。1970年条約との関係上、またユネスコが近年他の組織と連携して行ってきた予防保存を推奨する人的開発プログラムも重要な点である。第7項については、収蔵されているコレクションの保存の重要性がスウェーデンから強く主張された。複数の加盟国が、

新しい勧告が社会的な役割に重きを置くあまり、本来の機能がかすむような内容にはしないでほしいという希望を持っていたことが、ここに保護保存の義務が主要機能の第一として確認されたことに反映されていると思う。またリスク分析や危機管理などについては、当時ロシアとの領土紛争の只中にあったウクライナの発言があった。

主要機能の第二として挙げられた研究調査活動に関する条項については、ブルキナファソ、スペイン、スロバキア、日本、チュニジア、カタールなど多くの国からコメントがあった。研究調査は、展示物の紹介や関連する知識の提供に不可欠な要素であるほか、現代的視点から歴史を考察する上での大切な要素とみなされている。相反する歴史解釈を議論するためにミュージアムが果たすフォーラムとしての重要性に関する文言は、スウェーデンなど北欧諸国からの指摘を反映している。

第三の機能・コミュニケーションに関しては、ミュージアムがコレクションのみならずその他の遺産を理解、紹介する上での役割に言及し、展示など物理的な手段と平行して、情報通信技術を用いて知識の伝播を促進すべきであるという趣旨が述べられる。勧告で強調されているミュージアムの社会的役割と関連して、通信、コミュニケーションの機能はグローバル化を背景とした社会の変容、共生の重要性をふまえ、社会における統合性や社会的な「インクルージョン」を推進するために活用されるべきであると主張している。

第11項は大きくミュージアムとアクセスの問題を提起しているが、1960年勧告の流れを汲み、ミュージアムが市民・地域社会の必要に沿った活動を展開すべきであるという点が強調

されている。社会的統合や包摂という日本ではまた見慣れない語彙があるが、近年移民政策などで問題に直面する国々の考えも反映されている。

前述したが、ICOM の定義ではコミュニケーションに含まれていた教育に関する事項は、分離して新たな条項として加えるべきだという指摘がスペイン、ブルキナファソからあり、第12項として、ミュージアムが教育に果たす役割が独立した条項として加えられた。このことは、当然とも言えるのだが国際的な開発目標にも強く関連するユネスコ最大のプログラムである万人のための教育に貢献する観点から、加盟国の強い意識が反映されている。幅広い教育機関との連携、インフォーマル・生涯教育の場としてのミュージアムは、一方で現在紛争によって危機に瀕している遺産保存の重要性について豊かな学びを提供する場であり、批判精神、他者への共感、理解といった能力をミュージアムが育てることができるというメッセージが込められていると思う。

次に「Ⅲ.社会におけるミュージアムにとっての課題」を示す。例を挙げると、2014 年 10 月から 2015 年 1 月にかけて 500 点以上の北斎作品を展示したパリでの展覧会は大きな成功を収めたが、このようにグローバル化によってコレクションを含む物、人、思想の流動性は大きく加速し、そのことがミュージアムの機能やマネージメントに大きな影響を与えているという認識が述べられている。コレクションの移動、ミュージアムの活動やマネージメントモデルの経済効果を求めるゆえの均一化は国際的流動性の帰結でもあるが、自然・文化の多様性に即して、ミュージアムとそのコレクションの多様性や独自性もそれ

それの国、地域や伝統、知的モデルのあり方を尊重しながら保持されるような政策が推奨されるべきであると勧告は提案している。この第13項は、審理で収拾がつかず、チェコ共和国とメキシコがドラフティンググループを作って改訂提案を行ったものが基礎となった。

その次の第14・15項は、経済及び生活の質（クオリティ・オブ・ライフ）とミュージアムの関係という、ある意味では当勧告で最も加盟国の専門家たちの注目を集めた項目であった。ミュージアムの商業化傾向、活用に大きな注目が集まり、本来の意義が軽視される傾向に警鐘を鳴らす意見は繰り返し聞かれた。勧告起草の過程での1つの大きな議論のポイントとして、ミュージアムを「公的・恒久的組織」と規定することと、グローバル化による差異化と競争、また公的資金の減少に伴うミュージアムの資金獲得の必要性が増したことを認識した上で、収益を生む活動は主要機能に抵触しないよう行われるべきであるとの議論が行われた。資金確保の必然性と主要機能を維持することのバランスについてはカナダ、スウェーデン、ノルウェーなどの指摘があり、最終的なテキストはさらにカナダ、ブラジル、セネガルのドラフティンググループが提案した。

続く第16項から第18項で、ミュージアムの社会的役割について述べられる。前述したチリのサンティアゴで1972年に採択されたサンティアゴ宣言は、今日でも多くのミュージアム関係者が重きを与えているが、ミュージアムは現代社会における市民同士のつながり、統合性を促進し、万人に開かれた議論の場であり、人権、男女共同参画などの社会的課題の解決に寄与すると主張される。人権やジェンダーに関する部分の文章に

は、エクアドルの提案があった。

　また、事務局の草案では、政治的に機微な問題のため直接的言及を避ける意向だった先住民族に関しては、カナダの提案により、先住民族の文化遺産に関する建設的な対話、必要な場合には返還を検討する可能性などについても、適用できる法律にのっとってと前置きした上で推奨する第18項が追加され、議論なしで受け入れられたので、筆者は多少驚いたことを覚えている。勧告採択の前から、何らかの形で現宗主国に植民地時代や紛争中に持ち去られた文化財を変換する例は二国間でかなり頻繁に起こっており、今後もこのような傾向が進んでいくのではないかと思われる。一例としては、フランスのギメ美術館とカンボジアのプノンペン国立博物館の間で、フランスからの永久貸与という形で、胴体と頭部がそれぞれのミュージアムに収容されていた像を、フランスにあった部分をプノンペンに実質的に返還するかたちで復元する合意に達したことなどが挙げられる。

　ミュージアムと新しいテクノロジーについても、多くのコメントや意見が寄せられた。第19項で、情報通信技術（ICTs）は、目録の作成管理、知識伝達の手段などミュージアムの主要機能を強化する目的で使用されることが推奨している。この条件付与というべき追加文章は、ノルウェー、スウェーデンおよびチュニジアの提案に基づくものであった。

　「IV.政策」は、勧告の中で加盟国へ具体的な執行を求める推奨事項である。この部分は加盟国からの、国家に対してと、ミュージアムなど当事者に対する推奨事項を明確に分けてはどうかという要請を反映し、「一般的な政策」と「機能的な政策」の

2つの提言に分割されている。この部分が勧告の執行段階において最も重要となってくるわけであるが、事務局は2017年10月の執行委員会に加盟国の執行に関するリポートについての指導要綱草案を提出して承認を得た。これは筆者が作成したもので23ページに及ぶ長い質問事項となった。長さと詳細さについて、10月の執行委員会審議では2、3の加盟国が指摘したが、これが最初のリポーティングであるため、統計的なデータもベースラインとして必須であることも主張し、結果的には訂正事項なく受理された。

　第20項から第23項の一般的な政策項目でまず冒頭に来るのは、ミュージアムとコレクションが、既存の国際的な提言・条約によってすでに規定されている保存および活用に資する項目を遵守することが重要であるという認識である。そうできるよう、加盟国が手段を講じるべきであるという点が複数の国から強く主張された。

　勧告が強制力のないガイドラインであるのに対し、条約は法的拘束力があり、その批准が非常に重要であると認識されているからであり、勧告は既存の法的文書を補完するべきものであるという基本的な認識がここにあらわれている。また、ミュージアムの保護については、第20項において「あらゆる状況において」ミュージアムの保護能力を強化するべきであると述べているが、この一文は、ウクライナなど複数の加盟国が、採択当時の世界情勢の中で紛争地域におけるミュージアムの保護を強化するべきであるという修正案を提案したことに対し、保護能力の強化は、特定の外的な状況によって大きく左右されるべきではなく恒常的に意識されるべきであるという最終的な合意に

達した過程を反映している。パレスティナ問題など、半永久的に続く政治問題に勧告が利用されることがあってはならないという意図もあったと思われる。一般的な政策の第二（第21項）では、特に文化財の違法取引に関してミュージアム関連国際文書の原則の遵守が推奨され、専門家による倫理的、専門的なスタンダードを考慮することの重要性も述べられている。

次の第22項では、世界的な文化分野における予算の相対的減少を背景に、ミュージアムがその主要機能を十分に遂行するために必要な人的、経済的措置をとることが奨励されている。また全体を通じて繰り返し示される「加盟各国はその司法権と管理が及ぶ地域内の」という但し書きであるが、この文言についてはかなり長い議論があった。パレスティナ、ブラジル、パキスタン、キプロス、ポルトガルなどが発言した。

第23項では、勧告の立場としては、全世界のミュージアムが国際的に高度な基準に基づいて活動を行うことが大切である一方、一元的なマネージメントモデルや資金獲得に重点を置いた活動に偏らないよう、ミュージアムのモデルの多様性を維持し発展させることが、世界の文化的、自然的多様性維持に不可欠であると認識していることをうかがわせる。

第24項から最後までは、機能に関する政策提言で、主にミュージアムや当事者に幅広く向けられた推奨事項である。

第24項では、地域の文化・社会の独自性に沿った政策を支援することの重要性、地域社会と市民との連携の大切さが述べられている。独自性の尊重についてはチュニジアからの発言があった。また、すでに日本でも進んでいると思われる、ビジターの参画をどのように促進するべきかが重要なポイントとし

Chaper 3　2015年ユネスコ博物館勧告採択の経緯

て議論された。また、「Ⅱ.ミュージアムの主要機能」の第8項でも述べられた目録の重要性について第25項で具体的な推奨事項として述べられている。ここで特に、電子化したからといって、実物の保存修復義務を怠ることがあってはならない旨の一文が加えられた。

　第26項では、改めてミュージアムの社会的役割についての共通認識を述べ、グッドプラクティス（優良事例）の共有、ICOMのものをはじめ国際的に認定されたミュージアムの職業倫理規定の遵守などが述べられ、第27項は人事政策について専門性、継続的職業教育の必要性等の提案を行う。加盟国の意見具申や会議中の発言から、一般的に先進国・開発途上国問わずミュージアムの人材教育・維持については深刻な問題であり、専門的資質のある職員の雇用、継続的教育の重要性、専門性向上の機会について詳しく言及されている。

　第28項は、現在のミュージアムにとっておそらく経営上最も重要と思われる資金調達に関する項目である。公的資金のみで十分な運営を行うことが困難なケースが増加している背景をふまえ、資金計画とパートナーシップの必要性が強調されつつ、そのために主要機能を損なわないよう注意が払われている。第29項では、情報通信技術へのアクセスが十分でないケースについても、加盟国がミュージアムに対して考慮するべき課題として言及されている。

　当勧告では、1960年勧告やサンティアゴ宣言などの流れを汲んでミュージアムの社会的役割についてのメッセージが強く打ち出されているが、その認識を強化するため、第30項で加盟国においてはミュージアムの社会的役割について法的に明確

化することが推奨されていることは注目されると思う。第31項では、ミュージアム界と文化・遺産・教育に関わる諸機関との協働が、ミュージアムの多様性や社会における役割を保護し振興するため不可欠であるとしている。したがって勧告は加盟各国に対し、このような協働をあらゆるレベルで促進すべきであり、そうした協働を育み、国際的な展示や交流、コレクションの移動を促すような、専門家のネットワークづくりなども推奨されている。

　また第32項は、政府間会議での審理中にブラジルの強い要請で追加されドラフティンググループが提案した項目であるが、「Ⅰ.ミュージアムの定義と多様性」で定義された意味でのコレクションのみならず、大学、文化施設などミュージアム以外の施設で保有されているコレクションについても、その国の文化多様性の保持のために重要であれば、同じく保護活用することが推奨されている。私設のコレクションとの関係においても、重要な項目である。

　最後の2項であるが、第34項ではミュージアムが地域社会に貢献するべきもの、という認識に対応して、利用者拡大に関する包括的方針の確立が薦められている。また、第35項は勧告の執行をモニターするユネスコにとっても最も重要な部分である。勧告に含まれた事項を推進するためには、国際的協力が不可欠であり、特に専門家養成について、加盟国に支援事業を行ってほしいというメッセージが含まれている。

＊

　総会の文化分科会で勧告の起草案が事実上承認された2015年11月13日夜、パリではISによる同時多発テロが起こり、

700人近い死傷者が出る惨事となった。文化を通じた相互理解の推進のために働く我々はもとより、世界平和を願う多くの人々が深い憂慮を感じたと思う。ミュージアム、遺産に関わる世界中のコミュニティーの人々が、これからも希望を失わず、自分たちの仕事が何らかの形でより良い未来につながる助けとなることを信じて、日々を過ごしていかれることを願うものである。

　次章では、勧告採択後の流れについて解説する。

註

1 UNESCO HP「Rules of Procedure concerning recommendations to Member States and international conventions covered by the terms of Article IV, paragraph 4, of the Constitution」1 (b)（http://portal.unesco.org/en/ev.php-URL_ID=21681&URL_DO=DO_TOPIC&URL_SECTION=201.html)

2 ユネスコ関係の法令については、文部科学省 HP 日本ユネスコ国内委員会「ユネスコ関係の法令」にまとめられている（http://www.mext.go.jp/unesco/009/index.htm）。

3 文部科学省 HP「万国著作権条約」（http://www.mext.go.jp/unesco/009/003/003.pdf)

4 文部科学省 HP「武力紛争の際の文化財の保護のための条約」（http://www.mext.go.jp/unesco/009/003/004.pdf)

5 文部科学省 HP「考古学上の発掘に適用される国際的原則に関する勧告」（http://www.mext.go.jp/unesco/009/1387048.htm)

6 文部科学省 HP「風光の美と特性の保護に関する勧告」（http://www.mext.go.jp/unesco/009/1387082.htm)

7 文部科学省 HP「公的又は私的の工事によって危険にさらされる文化財の保存に関する勧告」（http://www.mext.go.jp/unesco/009/1387169.htm)

8 文部科学省 HP「文化財の不法な輸入、輸出及び所有権譲渡の禁止及び防止の手段に関する条約」（http://www.mext.go.jp/unesco/009/003/010.pdf)

9 文部科学省 HP「世界の文化遺産及び自然遺産の保護に関する条約」（http://www.mext.go.jp/unesco/009/003/013.pdf)

10 UNESCO HP「Museumsinsel（Museum Island）, Berlin」（https://whc.

unesco.org/en/list/896）

11　UNESCO HP「Plantin-Moretus House-Workshops-Museum Complex」（https://whc.unesco.org/en/list/1185）

12　UNESCO HP「Revitalising World Heritage Site Museums for a Better Interpretation of Living Heritage Sites in Cambodia, Laos and Viet Nam: Training for World Heritage Site Museums（2011-2015）」（http://www.unesco.org/new/en/culture/themes/museums/world-heritage-site-museums/）

13　文部科学省 HP「大衆の文化生活への参加及び寄与を促進する勧告」（http://www.mext.go.jp/unesco/009/1387300.htm）

14　UNESCO HP「Declaration of Principles of International Cultural Co-operation」（http://portal.unesco.org/en/ev.php-URL_ID=13147&URL_DO=DO_TOPIC&URL_SECTION=201.html）

15　文部科学省 HP「文化財の国際交換に関する勧告」（http://www.mext.go.jp/unesco/009/1387309.htm）

16　文部科学省 HP「可動文化財の保護のための勧告」（http://www.mext.go.jp/unesco/009/1387382.htm）

17　文部科学省 HP「動的映像の保護及び保存に関する勧告」（http://www.mext.go.jp/unesco/009/1387391.htm）

18　文部科学省 HP「芸術家の地位に関する勧告」（http://www.mext.go.jp/unesco/009/1387385.htm）

19　文部科学省 HP「伝統的文化及び民間伝承の保護に関する勧告」（http://www.mext.go.jp/unesco/009/1387467.htm）

20　UNESCO HP「Convention on the Protection of the Underwater Cultural Heritage」（http://unesdoc.unesco.org/images/0012/001260/126065e.pdf）

21　文部科学省 HP「文化的多様性に関する世界宣言」（http://www.mext.go.jp/unesco/009/1386517.htm）

22　UNESCO HP「UNESCO Declaration concerning the Intentional Destruction of Cultural Heritage」（http://portal.unesco.org/en/ev.php-URL_ID=17718&URL_DO=DO_TOPIC&URL_SECTION=201.html）

23　文部科学省 HP「無形文化遺産の保護に関する条約」（http://www.mext.go.jp/unesco/009/003/016.pdf）

24　文部科学省 HP「文化的表現の多様性の保護及び促進に関する条約」（http://www.mext.go.jp/unesco/009/003/018.pdf）

25　WIPO（世界知的所有権機関）HP「Berne Convention for the Protection of

Literary and Artistic Works」（http://www.wipo.int/treaties/en/ip/berne/）

26 WIPO（世界知的所有権機関）HP「WIPO Copyright Treaty（WCT）」
（http://www.wipo.int/treaties/en/ip/wct/）

27 赤十字国際委員会 HP「The Geneva Conventions of 1949 and their Additional
Protocols」（https://www.icrc.org/eng/war-and-law/treaties-customary-law/
geneva-conventions/overview-geneva-conventions.htm）

28 国際刑事裁判所 HP「Rome Statute of the International Criminal
Court」（https://www.icc-cpi.int/nr/rdonlyres/ea9aeff7-5752-4f84-be94-
0a655eb30e16/0/rome_statute_english.pdf）

29 外務省 HP「生物多様性条約（生物の多様性に関する条約）」（http://www.
mofa.go.jp/mofaj/gaiko/kankyo/jyoyaku/bio.html）

30 2004 年「生物の多様性に関する条約」第 7 回締結国会議（COP7）で採択され
た「原住民の社会及び地域社会により伝統的に占有又は利用されてきた聖地、
土地及び水域において実施するよう提案された開発又はそれらに影響を及ぼ
す可能性のある開発に関する文化的、環境的及び社会的影響アセスメントの
実施のための Akwe: Kon 任意ガイドライン」（アケオン指針）。「Akwé: Kon
Guidelines」（https://www.cbd.int/doc/publications/akwe-brochure-en.pdf）

31 UNIDROIT（私法統一国際協会）HP「UNIDROIT CONVENTION ON
STOLEN OR ILLEGALLY EXPORTED CULTURAL OBJECTS 」（https://
www.unidroit.org/english/conventions/1995culturalproperty/1995culturalprop
erty-e.pdf）

32 ヨーロッパ評議会 HP「Council of Europe Framework Convention on the
Value of Cultural Heritage for Society」（https://www.coe.int/en/web/
conventions/full-list/-/conventions/treaty/199）

33 国際連合 HP「先住民族の権利に関する国際連合宣言」（http://www.
un.org/esa/socdev/unpfii/documents/DRIPS_japanese.pdf）

34 文部科学省 HP「博物館をあらゆる人に開放する最も有効な方法に関する
勧告」（http://www.mext.go.jp/unesco/009/1387063.htm）

35 日本博物館協会 HP ICOM 日本委員会訳 UNESCO「ミュージアムとコレク
ションの保存活用、その多様性と社会における役割に関する勧告」（https://
www.j-muse.or.jp/02program/pdf/UNESCO_RECOMMENDATION_JPN.pdf）

36 UNESCO HP「Records of the General Conference, 36th session, Paris, 25
October-10 November 2011, v. 1: Resolutions」（http://unesdoc.unesco.org/
images/0021/002150/215084e.pdf）

37 UNESCO HP「Protection and promotion of museums and collections」
(http://unesdoc.unesco.org/images/0021/002173/217375e.pdf)

38 UNESCO HP「EXPERT MEETING ON THE PROTECTION AND
PROMOTION OF MUSEUMS AND COLLECTIONS 」(http://www.
unesco.org/culture/pdf/eo/en.pdf)

39 UNESCO HP「Preliminary study on the technical, legal and museological
aspects relating to the desirability of a standard-setting instrument on the
protection and promotion of museums and collections」(http://unesdoc.
unesco.org/images/0021/002199/219901e.pdf)

40 UNESCO HP「PRELIMINARY STUDY ON THE ADVISABILITY
OF PREPARING AN INTERNATIONAL INSTRUMENT FOR THE
PROTECTION AND PROMOTION OF MUSEUMS AND COLLECTIONS」
(http://www.unesco.org/new/fileadmin/MULTIMEDIA/HQ/CLT/pdf/O_
Keefe_-_Preliminary_Study_-_Legal_Aspects.pdf)

41 UNESCO HP「Preliminary study on the opportunity, scope, rationale
and added value of a standard-setting instrument for the protection and
promotion of museums and collections」(http://www.unesco.org/new/
fileadmin/MULTIMEDIA/HQ/CLT/pdf/Mairesse_Etude_preliminaire_
aspects_museaux_EN.pdf)

42 UNESCO HP「Observations of the Member States on the two preliminary
studies of the desirability, the technical and legal aspects, and the scope,
rationale, added value, and administrative and financial implications of a
standard-setting instrument on the protection and promotion of museums
and collections 」(http://www.unesco.org/new/fileadmin/MULTIMEDIA/
HQ/CLT/pdf/Complete_Observations_of_the_Member_States.pdf)

43 UNESCO HP「Preliminary study on the technical, legal and museological
aspects relating to the desirability of a standard-setting instrument on the
protection and promotion of museums and collections」(http://unesdoc.unesco.
org/images/0022/002223/222385e.pdf)

44 UNESCO HP「Preliminary report on the draft Recommendation on the
protection and promotion of museums and collections」(http://unesdoc.unesco.
org/images/0022/002296/229663E.pdf)

45 UNESCO HP「Invitations to the Intergovernmental Meeting (category II)
related to a draft Recommendation on the Protection and Promotion of Museums

and Collections」(http://unesdoc.unesco.org/images/0023/002303/230305E.pdf)

46 UNESCO HP「Observations on the Preliminary Report by Member States」(http://www.unesco.org/new/en/culture/themes/museums/recommendation-on-the-protection-and-promotion-of-museums-and-collections/observations-by-member-states-on-the-draft-preliminary-report/)

47 UNESCO HP「A NEW INTERNATIONAL STANDARD-SETTING INSTRUMENT: THE PROPOSED UNESCO RECOMMENDATION CONCERNING THE PROTECTION AND PROMOTION OF MUSEUMS, THEIR DIVERSITY AND THEIR ROLE IN SOCIETY 」(http://www.unesco.org/new/fileadmin/MULTIMEDIA/HQ/CLT/images/EN_Secretariat_report_and_draft_text_of_the_Recommendati.pdf)

48 UNESCO HP「Proposed Amendments submitted by Member States」(http://www.unesco.org/new/en/culture/themes/museums/recommendation-on-the-protection-and-promotion-of-museums-and-collections/proposed-amendments-submitted-by-member-states/)

49 UNESCO HP「Recommendation concerning the Protection and Promotion of Museums and Collections, their Diversity and their Role in Society」(http://unesdoc.unesco.org/images/0024/002463/246331m.pdf)

50 前掲註 *32* に同じ

＊ HP の最終アクセスはすべて 2019 年 6 月 14 日。

Chapter
4
2015年ユネスコ博物館勧告の成果と展望

林　菜央　*Nao Hayashi*

UNESCO's High Level Forum でスピーチする筆者
(2016年11月10〜12日　中国・深圳)

はじめに

ユネスコ加盟国は 2015 年 11 月、「ミュージアムとコレクションの保存活用、その多様性と社会における役割に関する勧告」（以下、2015 年勧告と略す。巻末資料 2 を参照）を第 38 回総会において全会一致で採択した[1]。この勧告は、ミュージアムやコレクションに関する国際的な文書としては 1960 年勧告以来 55 年ぶりに新たに採択されたもので、現代社会にあって大きく変容したミュージアムの役割とその使命について、認識しなおす必要があるとの理解に基づいて起草されたものである。

前章で述べたとおり、国際勧告には法的拘束力はないが、逆に国内での法的手続等を経ずに加盟国がその内容を自国の法制度や関連する施設の運営方針などに反映することができるという利点がある。

この章では 2015 年勧告採択後の活動と展望について述べたいと思うが、手続き上は総会の決定に基づき、採択後 4 年目の総会（2019 年 11 月）に対し、加盟国は勧告の履行について第 1 回目の報告書を提出する義務がある。この報告書は各国が 2018 年の 8 月末までに提出することになっているが、正式な公開は 2019 年 11 月を待たねばならないので、それについては残念ながらまだここに書くことができない。

しかし、勧告の採択を受け、ユネスコ事務局及び各国が主導する具体的な活動がすでに 2016 年から始まっている。その中からいくつかを紹介したいと思う。

1 ユネスコハイレベルミュージアムフォーラムの立ち上げと第1回会合

　まず、ユネスコ事務局が行う勧告履行促進事業として、2019年の加盟国の履行報告提出を見据えて、2016年、ユネスコの歴史上初めて、事務局長の諮問機関としてミュージアムに関するハイレベルフォーラムを設立することとなった。筆者がこのフォーラムのコミッショナーを務め、同年の11月10日から12日まで中国の深圳市で第1回会合を行った。ユネスコでは2011年のパレスティナの加盟以来、財政危機のためミュージアムプログラムに関する通常予算の配分がなく、関連する事業のすべては通常外予算に頼ってきたが、フォーラムも、中国のユネスコ国内委員会の協力のもと、深圳市及び同市にある至誠博物館の全面的な支援を得て実行が可能となった。中国国家文物局からも中国の専門家の選定などの協力をいただいた。中国では2015年に新しいミュージアム関連の法制が策定され、当局が把握しているミュージアムの数は4,700を越える。また、私的なコレクションを形成する資産家も増加している。中国のミュージアムに関する関心は、そのような社会現象を反映したものともいえるかもしれない。フォーラムの開会式に、習近平国家主席が祝辞を寄せ、国務院副総理の一人、劉延東女史が中国のミュージアムセクターと文化全般に関する国家の政策について、統計を含めた興味深い発表を行ったことも特筆しておきたい。

　ユネスコによって召集される会合の種類分けでいうと、ハイレベルフォーラムは第6種の専門家会合で、会合の主要メンバー選定にあたってはユネスコ事務局長が個人の専門性を主要

な判断材料として指名を行う。事務局長に指名され、第1回会合で発言を行ったメンバーはおよそ50人であり、世界6地域34カ国から大臣、国立博物館長、文化遺産担当局の総局長などが参加した。このうち女性のパネリストの割合は、ユネスコが指名を行った総数のうち40%で、全体の参加者は300名ほどであった。

フォーラムの主要な目的・意義は、①2015年勧告の履行を推進・奨励、②勧告に定義された遺産に関する今日的問題とその社会における意義、ミュージアムおよびより広義の文化全般についてのハイレベルの専門家、思想家の考察・意見交換の場を提供、③ミュージアムおよび遺産に関するユネスコ事務局長の諮問機関、および④ユネスコおよび加盟国のミュージアムおよび可動文化財の分野における活動のビジビリティー（可視化）を高める、としている。

2日半にわたる8項目のテーマについて専門家の発表と議論が行われたが、詳しくはフォーラムのホームページをごらんいただきたい[2]。

冒頭、エミリー・ラファーティ：前メトロポリタンミュージアム会長及び関強：中国国家文物局副局長が基調講演を行い、筆者が2015年勧告について紹介を行った。

パネル1-A　フランチェスコ・バンダリン：ユネスコ文化局事務次長（当時）を議長として、「新たな」ミュージアムと創造性をテーマに、都市や国のランドマークとして新しく建設されたミュージアム（リカルド・ピケット：ブラジル・明日の博物館長、ハレド・エルエナニー：エジプト考古学大臣）のみならず、地域経済の発展、観光の牽引車としてのミュージアム（魏峻：中国・広東省博

物館長、ルジャヤ・アブハコーン：タイ・東南アジア教育相会議・考古学・アートセンター所長、叶楊：中国・深圳博物館長）に注目し、斬新な建築やコレクションに新たな「物語」を語らせるケース、あるいはアフリカのミュージアムで無形文化の担い手にミュージアムの活動に参加してもらうなど既成のミュージアムやコレクションの新たな活用方法を模索する例に光をあてる試み（ジャン＝ポール・クドゥグゥ：ブルキナファソ・博物館総務長）を分析して、現代社会におけるミュージアムとビジターの関係について考察を行った。

　パネル1-B　国立博物館の再生というテーマで、江莉莉：シンガポール経営大学副学長を議長として、「国家」があらわす意味の変容に伴い近年大きく変化している国立博物館の役割に注目し、ジェンダー（グウェン・ヴァン：ベトナム・女性博物館長）、歴史的な出来事（アドリアナ・ヴァレドラマ・ロペズ：コロンビア・メデリン記念博物館長）など、現代社会において重要なテーマを追求する比較的新しいミュージアムを含む国立博物館の課題と現在（銭谷眞美：日本・東京国立博物館長、ムザレンド・キブンジャ：ケニア・国立博物館長、単霽翔：中国・故宮博物院長、陳成軍：中国・国家博物館副館長、単国霖：中国・上海博物館絵画・書道部門）について討論を行った。

　パネル2-A　マルクス・ヒルゲルト：ドイツ・ペルガモン博物館長を議長としてミュージアムが自然文化遺産の保護のために果たす役割に注目し、国境を越えてミュージアム関係者が力を合わせてリスクに対する耐性を高め、相互協力の機会を増加させるためどうするべきかを議論した（霍政欣：中国・中国政治学・法科大学副学長）。シリア（マームーン・アブデルカリム：シリア・

109

当時文化財博物館総局長）、アフリカ(シルビー・メメルカシ：コート
ジボワール国立博物館長)のケースも議論され、ミュージアム間の
相互援助の例(ブノワ・ド・サンシャマ：フランス・ルーブル博物館官
房長)も紹介された。

　パネル2-B　ヴォルジーク・コワルスキ：ポーランド・シレ
ジア大学教授を議長として文化財の不法取引を扱い、コレクショ
ンの目録は予防保存の観点からも大変重要な要素であり、返
還のために必要な要素を記録する媒体でもあること(アマラ・ス
リスチャット・タイ・文化省上級顧問、チェドリア・アナビ・チュニジ
ア・元国際博物館会議チュニジア国内委員会長)、遺産の重要性やそ
れに関わる人々の倫理的規範(フランス・デスマレ・国際博物館会
議、段勇・中国・国家文物局博物館・プライベートコレクション担当部
長、呉福慶(中国・深圳至誠博物館長)についても議論された。

　パネル3-A　2015年勧告の成立に多大な貢献があったカルロ
ス・ブランダオ：ブラジル・サンパウロ大学現代アート博物館
長を議長に迎え、常に変化してゆくミュージアムとスタッフの
倫理的規範について議論した(アルベルト・ガルランディーニ：国際
博物館会議副会長、ヤン・マトソン：国連ライブミュージアム館長、ド
ロタ・ヤヌセウスカ：ポーランド・ウィラノビア・ヤン3世宮殿博物館
副館長、杨志剛：中国・上海博物館長、贾文忠：中国・青銅器研究会主
宰、単国強：中国・故宮博物院研究員)。グローバル化した社会にお
いては、文化の多様性を重んじるためにも、これらの規範が非
常に重要な意味を持っており、特にコレクションにつながりの
ある人々や国に対する配慮や対話は重要である(ファロ・ババ・
ケイタ：マリ文化省)。

　パネル3-B　イギリス・大英博物館キュレーターのニール・

スペンサー氏を議長に、今日の社会において、ミュージアムがそのコレクションに関わる人々、先住民、移民、新しいビジターグループなど社会の構成員と積極的に関わり、自らの社会的・教育的な役割を推進することによって、市民との信頼関係を保つ必要性について話し合った(トニス・ルカス：エストニア・国立博物館長、卢越：中国・四川博物館長)。また過去の歴史に関する議論を奨励し(ルイザ・デ・ペナ：ドミニカ共和国抵抗記念博物館総長)、市民が現代の問題について思考する場所を提供する義務(シラズ・ラスール：南アフリカ・ウェスタンケープ大学教授)や、持続的開発に資する科学知識を発信する場としての科学博物館の役割(林直明：シンガポール・科学センター長・アジア太平洋科学センターネットワーク総裁)も強調された。

　最後の2つのパネルは、ユネスコ勧告のこれからについて話し合う場となった。

　パネル4-A　ユネスコ可動文化財課のイエン・スロング氏が議長となって、2015年勧告の履行の展望について、国内法の見直し、勧告の推奨するミュージアムの役割を増大される具体的な措置(フランソワ・メレス：フランス・パリ第三大学教授、マルセル・アラウジョ：ブラジル・博物館連合総裁)について、またすでにこうした措置を取り始めた国のケーススタディー(ユリア・クピナ・ロシア・聖ペテルスブルグ・ピョートル大王博物館副館長、アリサンドラ・クミンス：バルバドス・博物館歴史協会長、ジェレミー・バーンズ：フィリピン・国立博物館長、田凯：中国・河南博物院長、タヘール・ガリア：チュニジア・博物館セクター開発総長)を取り上げた。

　パネル4-B　アメリカのゲイル・ロード・ロード文化資源財団共同総裁を議長に、ミュージアムが従来のように公的機関の

Chaper 4　2015年ユネスコ博物館勧告の成果と展望

みならず、市民社会や民間セクターなどとの多面的な関わりを
強めるに伴って、政策決定や活動に影響を及ぼす関係者の種類
が多様化したことを受け、2015年勧告の最も重要なメッセー
ジの一つは、ミュージアムとこうしたさまざまな関係機関との
より強い協力関係を国内、地域的、国際的に推進することによ
って、財政的・人的なギャップを埋める努力をすることである
と再確認した(マルティナ・レマノーヴァ：チェコ共和国・装飾芸術博
物館、シルヴィア・ソチェット：メキシコ・インタラクティウブ経済博
物館長、ルイザ・メンゴーニ：イギリス・ヴィクトリア アンド アルバー
トミュージアム深圳市ギャラリープロジェクトリーダー)。ミュージア
ムに関わる協力関係は、相互の学びの機会として、パートナー
シップの精神に基づいて築かれるべきであること、共同研究や
知識の伝達などが推奨された(水嶋英治：日本・筑波大学教授、龔
良：中国・南京博物館長)。

　フォーラムの最終日に採択された「深圳宣言」[3]は、現代社会
におけるミュージアムの社会、文化、教育、経済に関する役割
が強調され、より平和な社会を作るため、持続的開発に関する
市民教育などにミュージアムが果たす役割について述べられ
た。また、ユネスコが中心となってグローバル・ミュージアム
リポートを出版することも推奨された。

　第2回のハイレベルフォーラムは現在準備中である。世界レ
ベルでのミュージアムの社会的役割についての意義ある議論の
場として、また2015年勧告の履行促進を目指して、刺激的な
フォーラムを作り上げることをユネスコとして目指していきた
いと考える。また、アジア以外の地域でもフォーラムを開催で
きるよう、加盟国やパートナーからの提案を幅広く受け入れて

いく所存である。

2 各国の動き

　加盟国独自の国内でのミュージアムセクターにおける活動も活発で、以下に概略を紹介したい。具体的な活動や各国のミュージアムの実情については、2019年11月の総会で発表される予定の履行リポートによってより詳細に把握できることが期待される。

　チュニジアは、ローマ時代の遺跡などから出土した世界最大のモザイクコレクションを擁することで知られるが、これまでミュージアムに関する独自法案がなく、これを起草中である。

　イランのミュージアムも、公私を問わず目録作成管理の状況が多種多様であり、現在統一システムの導入についての話し合いが進んでいる。それをふまえ、目録作成について考慮するべき点や改善点についてのワークショップを20館ほどからの参加者を対象に2017年の2月に筆者が行った。

　ガボンでは、唯一の国立博物館である首都リーブルヴィルの芸術・伝統博物館の目録状況が遺失や複数の媒体の使用によって混乱を呈しており、これを統一するための話し合いとアクションプラン作りを2017年の6月筆者と学芸員20名ほどで行った。

　カンボジアは、アンコール時代をはじめ多くの考古遺物が出土しているが、数年前からユネスコと共同で国内のミュージアム・考古遺跡の収蔵庫の目録システムを統一化しようという話し合いを進めており、このためのトレーニングを50名強の文化省・国立博物館・世界遺産サイトの可動文化財責任者を対象

に 2017 年の 11 月筆者が行った。

マダガスカルでは 2018 年 3 月に、文化省とユネスコが協力して、国内におけるユネスコ 2015 年勧告の履行を促進するワークショップを行い、40 名ほどの参加者が、勧告の履行状況の把握のためユネスコ事務局が配布した質問票を精査して報告の準備にあたった。

2018 年 3 月にはユネスコの社会科学セクター主導で、「ミュージアムと史跡における奴隷制とその遺産の解釈と表象」についての国際会議が北米のシャーロットヴィルで開催され、奴隷貿易と開放に関する歴史とミュージアムの役割、アプローチなどが議論された。

同じく 2018 年 3 月にレバノンのベイルートで、シリアにおける紛争続行のため増加するミュージアムへの被害に対処するため、ミュージアムスタッフのための緊急時における配送、所蔵庫の管理、コレクションの目録作成、リスク対処などをテーマにした訓練を行った。

クウェートでは、文化セクター全体の改革が進められており、ミュージアムセクターもその主要な対象となっている。2018 年 5 月にクウェートの 50 人弱のミュージアム関係者を対象として、2015 年勧告を紹介し、その趣旨をどのように国内法に取り入れ、ミュージアムの活動方針を強化するかを協議する複数のワークショップが行われた。ミュージアムセクターの発展が最近著しい湾岸諸国であるが、主な課題として新しいビジターの獲得、職員の能力開発、ICT を使ったコミュニケーションの発展、コレクションのマネージメントなど複数挙げられている。具体的にクウェートがどのように改革を進めていく

か、この先が興味深い。

　セネガルでは黒人文明ミュージアムの設立が進められており、このようなジャンルでは世界初の試みとして、黒人の技術・科学・文化遺産の保全に貢献するとももにアフリカ人のディアスポラに関する研究展示を行うというミッションを掲げ、2019 年の開館を目指している。

3　この先に向けて

　2015 年勧告が採択されてから早くも 3 年半（校正当時・2019 年夏）が過ぎ、今年中には加盟国からの履行報告書が提出されてくる見込みとなった。前回の 1960 年勧告の履行は、採択後に一度報告書が提出されて以降目立った動きが見られなかったことを反省点に、今回はユネスコ事務局が積極的に履行援助を行い、報告書を収集することのみを目的とするのではなく、継続的にミュージアムセクターへの関心を維持してもらうことを目標とするべきであろうと考える。そのためには、ミュージアムが現代の社会と、その発展のために大きな貢献ができることを、さまざまな機会に具体的な例を挙げて証明していくことが不可欠かと思う。ミュージアムをそのような貢献をめざして活用する前提として、言うまでもないが法律的・技術的にコレクションや研究活動について確固とした方針を定め、人員を確保し、社会とミュージアムの信頼関係を構築する必要がある。意外なことであるが、世界の中でミュージアムに特化した法律を制定している国は少ない。ミュージアムの役割は今後も変化していくであろうし、私的コレクションをはじめ新しい形態のミュージアムも増加していくであろう。2015 年勧告が

世界レベルのスタンダードとして、既存の、またこれから発展していくミュージアムの開発や活動目標の指針になることを期待している。

註

1 UNESCO HP「2015 Recommendation concerning the Protection and Promotion of Museums and Collections」(http://www.unesco.org/new/en/culture/themes/museums/recommendation-on-the-protection-and-promotion-of-museums-and-collections/)

2 UNESCO HP「UNESCO High Level Forum on Museums」(http://www.unesco.org/new/en/culture/themes/museums/unesco-high-level-forum-on-museums/)

3 UNESCO HP「Shenzhen Declaration on Museums and Collections」(http://www.unesco.org/new/fileadmin/MULTIMEDIA/HQ/CLT/pdf/Shenzhen_Declaration-en.pdf)

＊ HP の最終アクセスはすべて 2019 年 6 月 14 日。

Chapter 5

日本の博物館学の現状と課題

青木 豊 *Yutaka Aoki*

ICOM 名誉会員であった
棚橋源太郎（個人蔵）

はじめに

博物館学は、博物館が出現後に形成された学問である。つまり、博物館学なくして博物館ありきであった点を特徴とするが、この点はなにも博物館学に限った事では無い。例えば、教育学を見た場合、当初から教育学が存在したわけではなく、すでに教育の現場である学校、日本の場合であれば寺子屋藩校等々が存在していたのと同様であろう。

故に、初期博物館学の研究形態は、博物館の概念規定と博物館史から展開され始めたものと看取される。

しかし、未だ一部の人達は、博物館学は無い、あるいは、学問としての博物館学など存在し得ないと主張しているのである。ここで言う一部の人達の中の多くは、極めて残念なことであるが現場である博物館実務に携わっている学芸員である場合や、博物館学芸員を経験した研究者であるところに、大きな問題を含んでいるのである。

このことは、博物館あって、博物館学なしと一部に揶揄された我が国の博物館学の現状の表象に他ならないのである。当該現象が遅々として改善されない理由としては、博物館学教育者即ち、学芸員養成担当教員の博物館学知識に基づく知識と意識の脆弱さに起因するものと看取されるのである。

この点に関しては、1979年（昭和54）に明治大学教授で博物館学を講じられておられた倉田公裕は、正鵠を射た指摘を行ったが、それから30年を経過した現在でも、大きな改善は認められないこともまた事実なのである[1]。

具体的には国内最大の博物館学の学会である全日本博物館学会の会員に於いても、また主催する研究会等々への参加者を例

にとっても、博物館学芸員は極めて少ないのが現状なのである。博物館学会、即ち博物館学と現役学芸員との乖離とも表現できる現象には驚かされる。つまり、当該現象からは現役学芸員の大半は博物館学を未だ必要としない職場に居ると判断出来るのである。このことは、博物館運営の諸機能において前近代的とも表現できる見世物小屋的博物館を永続する結果を生んでいる。

1　日本の博物館学史

　何れのものに関しても歴史が必要である。換言すれば、長期間に互る永続の中で研ぎ澄まされているかどうかを判定する手段が学史であると考えるところから博物館学史を編年的に概観するものである。

　また、本項で博物館学史を昭和時代までとしたのは紙幅の関係もさる事ながら、種々の意味で博物館学の百花繚乱とも形容し得る平成期である故に、簡単に纏められなかった為でもある。

　博物館前夜　1861 年（文久元）の遣欧使節団の傭通詞として随行した福沢諭吉は、帰朝後福沢自身の渡航日記であった『西航日記』[2]、『西航手帳』[3] を草稿として 1866 年（慶応 2）に『西洋事情』[4] を刊行した。当該書の「博物館」と明記された項から日本人の知識層は、博物館なる施設の存在とその具体をおぼろげながらも知った事は周知の通りである。

　1869 年（明治 2）には、江戸幕府の小石川御薬園から東京府、大学東校へと管轄移行に伴い、植村千之助は「博物園ノ儀ニ付建白書」[5] を世に問うている。これが博物館に関する記事の嚆

矢であろう。

1871年に、開拓使顧問のホーレス・ケプロンは、明治政府に対し北海道開発には博物館と書院が必要であるとの報告書を、また同年に明治政府による初の文化財保護法の先駆となる古器旧物保存方が発布されている。

辞書に於いては、1872年に開拓使から発行された『英和対訳辞書』に、「Museum」の対訳として「博物館」が明示されたことや、1875年には、弁理公使元兼澳国博覧会事務副総裁であった佐野常民が「博物館設置ニ関スル意見書」[6]を提出するなど、我が国の博物館を取り巻く情勢は急転していった。

博物館学の濫觴 かかる情勢の中で、博物館学に関する論考の濫觴となるのは、栗本鋤雲による「博物館論」であり[7]、1875年(明治8)のことである。当該論は、表題を「博物舘論」と標記した点と、その内容も博物館学に於ける博物館論の濫觴であった点は否めない事実である。

さらに、1897年には、古器旧物保存方を発展させた更なる史跡の保存を目的に古社寺保存法が制定されるなかで、論を展開したのは岡倉天心で、その嚆矢は1878年9月の『日出新聞』に連載された「博物舘に就て」である[8]。

さらにまた、博物館学意識を有し博物館学を確立させた研究者として、坪井正五郎がいる。坪井は、人類学の中から考古学を確立させた人物としての評価は当然としても、一方で明らかに坪井は博物館学を確立させていたことは、その実践であった我が国で最初の学術の展示であった「人類學標本展覽會開催趣旨設計及び効果」等[9]からも窺い知れる。

また、坪井の弟子であった前田不二三は、上記の人類学標本

展覧会に於いて「學の展覧會か物の展覧會か」を著し[10]、現在でも基盤となる博物館展示命題論を展開した。坪井の展示論と合わせて当該期の展示論はその内容からして、博物館学に昇華したものであったと確認できるのである。

1893年に神谷邦淑は、「博物舘」を記し[11]、ついで1899年に高山林次郎は「博物館論」[12]を、同年箕作佳吉は「博物館ニ就キテ」[13]で、博物館論とジオラマ展示論を展開したのであった。

当該期は、古社寺保存法(1897年6月公布)の制定により、社寺所有資料の保存場所を考えねばならない時代であったところから、箕作は博物館設立の第1の目的に資料の保存機能を定義付けたものと看取される。さらに、アメリカ合衆国での博物館観察により得た知識から、第2に博物館の教育性の必要と第3に研究機関としての博物館を定義した、博物館論を明示した点も重要である。

また、植物園に関しては1903年の白井光太郎による『植物博物館及び植物園の話』[14]、1911年に「維新前の植物園」[15]や1918年(大正7)には白井が専門とした「本草博物館設立と古記録の保存」を著している[16]。1904年には、『京都美術協會雜誌』に「植物園及動物園」が記されるなど[17]、博物館学の専門領域論も盛んになった。

一方、1903年に内田四郎は、「繪畫陳列館」[18]を記し、建築の視座から展示論及び展示工学論で注目に価する確固たる理論を展開したのであった。

1908年には、谷津直秀が「博物館内の児童室」「動物園に關しての一考察」を記し[19]、1910年には山松鶴吉が「兒童博物館」を記す[20]など、博物館学に深化の傾向が認められる。

Chaper 5　日本の博物館学の現状と課題

　次いで、当該期の最終を締め括るに相応しい理論展開を試みたのが黒板勝美であった。黒板の研究課題の画期となったのは 1908〜1910 年の二年間に及ぶ欧米留学の帰朝後著した『西遊弐年　歐米文明記』[21] である。以後の博物館学に関する著作を列記すると、『史蹟遺物保管に關する意見書』「郷土保存について」「博物館に就て」「國立博物館について」等がある[22]。

　かかる観点で黒板勝美は、坪井小五郎と共に博物館学の確立期を決定付けた人物であったと考えられる。

　1912 年には、相原熊太郎による学校博物館論[23] も論じられ、また同年の刊行の『高等小學讀本敎授參考書』[24] に、博物館が紹介されたことは、学校教育に博物館の位置づけが開始された点は印象的である。

　以上の史実から明確であるように、日本の博物館学の確立は明治時代中期〜後期と考えられるのである。

　発展期　1917 年（大正 6）の帝国教育会編『教育年鑑　大正 7 年』には、博物館に関する下記の記載が確認される[25]。

　　教育上重要の機関たる事を認められ之が建設を企画するもの益々多きを見るに至りたるは教育上喜ぶべき現象なりとす、然れども之を欧米諸国における其等に比較するときは頗る不備の状況にあり、本邦教育施設中発達の最も幼稚なるものと謂わざる可からず

　1912 年（大正元）には、教育博物館・通俗教育館、防長教育博物館、大正記念三田博物館の開館等や中でも神社博物館が全国で多数開館を見た時代で有り、日本初となる私立博物館である大倉集古館の誕生も一つの画期となる事柄であった。

　1919 年には、「史蹟名勝天然紀念物保存法」が制定されたことも相俟って、当該期の博物館に関する論考は約 200 篇の多き

を数える。

　動物学者であった谷津の最初の論文は、上記した「博物館内の兒童室」「動物園に關しての一考察」であったが、1912 年に記した「活氣ある博物館を設立すべし」[26] は谷津の博物館学に関する代表論文で、該論の語調は力強く、明確な博物館学意識の基で良き展示の必要性を訴えた論であった。

　次いで、同じく箕作を師としたもう一人の人物が川村多實二であり、川村は専門とする動物学的見地より動物園・水族館論を展開し、生態展示論では決定的論文であると評価できる「米國博物館の生態陳列」を記している[27]。

　一方、植物学の視座から博物館学を論じた理学博士の三好学は、1914 年に『歐米植物觀察』を著わしている[28]。

　さらに、前述した坪井正五郎の学問的思想を受け継いだのは、京都帝国大学総長を務めた浜田耕作であり、浜田の博物館学に対する考え方は、『通論考古學』のなかで大所高所から論じられたものであった[29]。

　変革期　変革期を齎す基本思想は、郷土博物館思想であり、またその根底にあるものは郷土思想の社会への浸透であった。抑々、我が国における当該思想の発端は、前述した三好学によるドイツ郷土保護思想を範とした 1915 年（大正 4）に刊行された『天然紀念物』[30] を嚆矢とする。

　臨時教育会議の答申を受けて文部省は、1921 年に普通学務局の主幹事項の中に「通俗教育」を「社会教育」と改称し、1924 年に社会教育科を設置し、社会教育行政の展開を期した。

　翌 1925 年には、地方社会教育職員制を公布し、府県に専任社会教育主事と社会教育主事補を配置し、中央・地方を通じて

社会教育行政機構の拡充を図った。

1928年(昭和3)、内務省も関与していた青少年団体に関する事務がすべて文部省の所管となったこともあって、1929年、文部省に社会教育局が新設され、社会教育政策を強力に展開した。

1928～1936年には、文部省による郷土教育の促進を師範学校に求める機運が高まり、社会に於いても郷土教育と博物館が隆盛となった。

当該社会思潮は、明治の末頃からの教育の地方化に呼応して、郷土教育思想が芽生え、それが地域を発展させる支えになったことから、大正末期から昭和初期にかけて郷土を理解させる教育が盛んになったのである。

1930年には、文部省内での従来の社会教育における博物館事業の軽視による博物館機能の停滞から、下記の博物館振興方策が決定されている。

一、新しく博物館令を制定し、現在各別の目的を有している全国博物館を統制し、また資格恩典等を定むること

一、各府県に少くとも一つの府県立博物館を設置すること

一、現在の博物館には国庫並びに府県の補助金が全然ないが、将来は該事業の振興を期するため、各府県に毎年5千円程度の補助金を国庫より交付し、且つ既設博物館に対しても、適当の補助の方法を講ずること

一、商工省農林省と連絡をとり、全国に陳列所を利用し、以って博物館事業を助成する

1931年に具体的には、文部省社会教育局の「郷土研究」思想は、師範学校を源に全国的に大きな広がりを見せたのである。

かかる社会情勢の中で棚橋は、1930 年の『眼に訴へる教育機關』[31] に次ぐ 2 番目の単著である『郷土博物館』[32] を 1932 年に上梓する一方で、当該期の『博物館研究』『郷土研究』『公民教育』等々に郷土博物館論をテーマとする多数の論文により社会を啓蒙した。森金次郎は、東京博物館学芸官で 1931 年に「郷土博物館の設立と經營」[33] を記し、博物館学の中興ともいえる当該期の 1932 年に『郷土史講座』が刊行された意義は大きく[34] 第 9 號に森も「郷土博物館」を記している。

1942 年に、社団法人日本博物館協会より定期刊行物である『博物館研究』とは別に、特集号的に『郷土博物館に關する調査』の刊行意義は大きいと判断できる。

次いで 1938 年に、同じく帝室博物館から『帝室博物館略史』[35] が上梓された。略史と銘打っているが、序編と本編による二編成で序編には総説、博物館の創設、文部省博物局、内務省博物局、農務省博物局と分省され、博物館設置理念と変遷史が明示されている。かかる観点での刊行は、明らかに博物館学史を意図した結果の産物であったと考えられる。

1940 年には、満州国国立博物館副館長を務めた当該期を代表する博物館学研究者の藤山一雄による『新博物館態勢』[36] の刊行を見た。1944 年に、棚橋源太郎による『本邦博物館發達の歴史』[37] は、我が国の博物館の歴史に専従した視点に基づくところから、博物館学への展開意図が理解出来よう。

社会への浸透期　1946 年(昭和 21) 3 月と 1950 年 8 月の 2 度に亙り、連合国軍最高司令官総司令部(GHQ)の要請に基づき、ジョージ・D・ストダード博士を代表とする「アメリカ教育使節団」がアメリカ合衆国から派遣された。当該『米国教育使節団報

告書』は、1946年3月30日に第1次報告書が、1950年9月22には第2次報告書が、それぞれ連合国軍最高司令官に提出されている。

第1次報告書である『米国教育使節団報告書』[38] の成人教育の項には、下記の如く記されている。

　　一つの重要な成人教育機関は公立図書館である。(中略)科学・芸術および産業博物館も図書館と相まって教育目的に役立つであろう。

第2次報告書には、社会教育として図書館・博物館が個別に下記の通りに明記されている。

　　博物館　現在日本には全部で235館と類似施設があるに過ぎない。これらの大多数のものは財政上の困難によって、いちじるしく不利な立場に置かれ、そのあるものは毎年補助金を受ける国の施設になるように請願している。文部省が博物館の窮状を研究し、その保存と拡張のために必要な勧告をなすよう勧める。

以上の如く、第2次報告では1949年に制定された社会教育法に整合する構成で、博物館を社会教育に位置づけ博物館の必要性を明記した報告内容により、社会教育機関としての博物館に再び陽が射すこととなった。1951年12月に歴史上我が国ではじめての博物館法が制定されるに至った。

1950年に棚橋学の総集編ともいえる『博物館學綱要』[39] が上梓され、当該著書は我が国の博物館学の礎となった書であった。

また、昭和20年代を代表する博物館学研究者の木場一夫は、『新しい博物館—その機能と教育活動—』[40] を著わし、博物館学の体系化を目指したものであった。

1960年には、我が国初となった博物館学分野での研究助成を国立科学博物館長岡田要を研究代表者として、鶴田総一郎・

宮本馨太郎・近藤一太郎・矢島恭介・古賀忠道・新井重三らによって「地域社会発展のための文化センターとしての博物館の役割に関する博物館学的研究」が、1960年度文部科学省試験研究助成に採択されたことは、例え「試験」で有っても博物館学が文部省科学研究費の学術分野に加えられたという意味で、大きな意義を有したものと判断される。

一方、著論としては、1956年に鶴田総一郎が『博物館学入門』[41]で「博物館学総論」を記し、特筆すべきは博物館学の定義を明記したことである。

その具体的研究方法は、教育学的方法に位置づけたもので、博物館学を教育学の一分野とした思想は、今日に至るまで大きな影響を及ぼす結果となっている。

鶴田の博物館思想を受け継いだ浜根洋は、1963年「博物館について」[42]の中で、CRE循環（Conservation 保存、Reserch 研究、Education 教育）を展開し、「博物館学は教育学であり、研究ではないと極論できると考えられる。」と明記したことは印象的である。

また、博物館技術論であるMuseographyの領域では、東京国立文化財研究所（現東京文化財研究所）、元興寺仏教民俗資料研究所（現元興寺文化財研究所）や保存科学研究所（現保存修復科学センター）などを中心に博物館資料に関する研究が躍進した時代でもあった。

このような社会情勢の中で、岩崎友吉・田辺三郎助・登石健三は、保存科学を博物館学の中に位置づけた点も注視せねばならない[43]。

1990～1991年の伊藤寿朗の監修による『博物館基本文献集

成』[44] の刊行は、博物館学史に基軸を据えた博物館学史の上で画期となる事業であったと評価できよう。

乖離の時代（昭和 50 年〜昭和末）　1975 年（昭和 50）以降の昭和時代は、博物館学に関する論者・論著も増加した時代であった。先ず、1978 〜 81 年の間『博物館学講座』全 10 巻[45] が刊行された意義は大きい。博物館学を専門領域とする講座は、我が国では勿論、世界でも最初であり、明治時代中〜後期の博物館学の確立期以来 90 年を経た成果であったと看取される。

博物館学史を専門とする研究者に椎名仙卓がおり、椎名は1972 年に「黎明期における教育博物館の実態」[46] を嚆矢とし、博物館史・学史を主対象に多数の論文と、『日本博物館発達史』など[47] を著するなど、館史・学史の研究で博物館学に新しい地平を開いた。

昭和 40 年〜 50 年代は、博物館学の目的・方法・構成と言った博物館学の体系に関する理論研究が流行した時代であり、かかる状況が一方で博物館現場との乖離を生じさせた一因であったとも看取される。

1977 年に、加藤有次は『博物館学序論』[48] を上梓し、博物館学の体系を明示した。翌 1978 年には、伊藤寿朗・森田恒之の共編者による『博物館学概論』が刊行された[49]。伊藤は、竹内順一が提唱した第 3 世代博物館論を[50] 基盤にさらに発展させた。また、上記した単行本について、『博物館基本文献集』として復刻した意義は大きな業績であった。

1977 年に、倉田公裕は『博物館学』の上梓をはじめとし、複数の単行本出版している。倉田は昭和 40 年代以来、多数の論文を『博物館研究』等に執筆し、博物館学の理論の追究に努めた

研究者であり、博物館学の定義を明示したことを契機として、博物館学の定義論が開始された。

昭和の博物館学研究者を代表する一人として、新井重三がおり、新井の業績については別稿[51]でも記した通りであるが、研究の特徴は博物館学の大系化を企てる一方でまた「綜合展示論」と更なる理論展開を果した「ダブルアレンジメント論」であるところの博物館展示についての理論を構築した。1981年には、「提示」と「説示」なる展示用語を提唱し「展示の形態と分類」[52]を著した。

1983年に間多善行は、『新説博物館』を[53]、1985年には筆者が『博物館技術学』を[54]、田辺悟が『現代博物館論―地域博物館の理論と実務―』を[55]、1988年に中川成夫による、『博物館学論考』が[56]刊行されるなど、当該期（昭和50年～昭和末）は、博物館学の目的と体系が論究された時代であった。

その一方で、1985年には、全国大学博物館学講座協議会関西部会が『博物館学概説』を刊行した。本書は、同会が加盟する大学での博物館学講座の教科書としての使用を目的としたものであり、この後も改訂版も含めて4冊が刊行されている[57]。この教科書の登場により、斎一的な授業の実施が可能となった反面、博物館学を専門としない教員が講義を担当することも可能となったのは事実であろう。この点が必修科目の貧弱さと相俟って、前述した現場学芸員と博物館学との乖離を生む原因の一つになったと看取される。

2　日本の博物館学の現状と課題

博物館学が確立された学域としての学術的・社会的要件は、

(1)博物館学史・博物館史が確立されていること(学史／館史書・文献目録等の有無)、(2)専門性の有無(学術的排他性)・理論体系の確立(概説書・専門図書・講座本等の有無)、(3)共通語彙体系の確立(事典・辞典等の有無)、(4)独立した学術団体の有無、(5)大学・大学院での専門学科の有無、(6)科学研究費助成金の正式科目に認定されていること、などの要件が考えられる。

　これらの必要々件を博物館学に照合した場合、筆者は以下縷々述べる様に歴史的にも既に博物館学は学として成立していると考えている。何故なら、上記した学術としての学術的・社会的要件を充足しているからである。さらに、年報・展示図録等々は除外しても、年間 600 件をはるかに凌駕する博物館学に関する著書・論文が刊行されている事実を見た場合[58]、博物館学の学術分野としての確立は明白であると考えられるのである。以下、必要々件に関して概術する。

(1)博物館学史・博物館史の確立

　博物館学史は、加藤有次[59]・伊藤寿朗[60]により先鞭が付けられ、筆者や山本哲也[61]・金子淳[62]らによって徐々に確立されて来ている。また、学史に関する文献基礎資料集成としては、伊藤寿朗監修の 9 巻からなる『博物館基本文献集』と筆者らによる『博物館学基本文献集成』の三種 5 冊がある[63]。

　博物館史は、棚橋源太郎[37]により開始され、椎名仙卓[46・47]によって我が国中央での概括的な博物館史は形成された。その後、多くの博物館学研究者によって地域博物館史も含めて鋭意進捗の段階であり、博物館学史・博物館史は博物館学確立の要件となる水準に十分達しているものと考えている。

2 日本の博物館学の現状と課題

(2)専門性の有無(学術的排他性)・
理論体系の確立(目的・方法・講座本等)

理論体系を記した専門書は、棚橋源太郎による『博物館學綱要』[39]、鶴田総一郎の『博物館入門』[41] などをはじめとし多数の著作が刊行されている[64]。博物館理論の体系化に関しては、先ず 1980 年(昭和 55)から刊行された『博物館学講座』全 10 巻と、1999 年(平成 11)からの『新版博物館学講座』全 15 巻 2 種の講座をはじめ[65]、複数の博物館学シリーズ[66] が存在している。

さらに、『博物館学基本文献集成』[63]・『博物館学年表』[67]・2 種の『博物館学文献目録』[58] 等々も既に出版されている。

(3)共通語彙体系の確立

統一された当該用語の定義に関しては、1996 年と 2011 年刊行の新旧 2 種の包括的な博物館学事典[68] があり、さらに専門分野別としては博物館学史研究事典・博物館建築事典・展示学事典・イベント／映像展示学事典をはじめ、博物館の専門領域に於いては考古博物館事典・神社博物館事典・大学博物館事典・郷土博物館事典などの専門領域での事典も数多く刊行されている。

さらに、各論である博物館機能論等に関する論著[69] は、博物館の 4 大機能に即した資料収集論・資料保存論・博物館展示論・教育論等多数公刊されているのである。

(4)独立した学術団体(学会)

学会に関しては、1973 年(昭和 48)に國學院大學で「全日本博物館学会」の設立総会が開催され、我が国における最初の博物

館学に関する学会結成に至ったことは、博物館学にとっては新しい幕開けであった。

　その後、文化財保存修復学会・日本ミュージアム・マネージメント学会、日本展示学会が結成され、全日本博物館学会とこれらの学会は学術会議の協力学術研究団体となって学術の独立性も担っている。そのほか、博物館問題研究会、日本エコミュージアム研究会等の関連学会・研究会も多数存在している。

　また、学芸員養成大学の協議会である全国大学博物館学講座協議会も 1957 年に結成され、187 大学が加盟し、学芸員養成に関して盛んな活動を行っている。

(5)大学・大学院での専門学科

　当該件に関しては、大学で博物館学は講じられているが、確認するまでもなく多くは正式学科としてではなく、資格課程としての範疇での位置づけである。

　当該点が、博物館学の存否を不明瞭にしている最大の原因である。例えば、教育学・図書館学も一般的大学では資格課程である点は同様であるが、これらは一部の大学では学部・学科を有している点において峻別されている。現在、学部に博物館学科を設定している大学は、桜美林大学のみであり、大学院で博物館学コースを設けている大学院は、國學院大學大学院文学研究科史学専攻のみに留まっているのが実情である。

　しかし、2007 年(平成 19) 6 月に纏められた「新しい時代の博物館制度の在り方について」[70] の 3 や 2009 年 2 月「学芸員養成の充実方策について(第 2 次報告書)」[71] Ⅳの中で学芸員養成課程における高度化と実務経験の充実を図るために、大学院におけ

る専門教育の必要性が指摘されていたにもかかわらず、実現に至っていないことは極めて残念である。この点は、大学側の責任問題であると言わねばならない。

例えば、中国では1983年に国際博物館会議加盟国となったことを契機に博物館学は急速に進展し、1998年には高等学校の本科専門目録の中に博物館学が二級学科に規定されている。これは、中国国家が初めて博物館学の存在を承認したものと把握され、これを契機として中国の博物館学研究は、今日隆盛を迎えているのが現実である。

(6)科学研究費助成金の正式科目であること

博物館学は、文科省の科学研究費に於いても、2007年度(平成19)に時限付きで開始されたのが嚆矢である。2011年度には正式科目として恒常化に至り、博物館学は大区分Aの中の「中区分3：歴史学、考古学、博物館学およびその関連分野」に単独で「小区分　博物館学関連」が正式に認められているのが事実である。

以上の観点より博物館学は、一個の学術分野として確立していることは、明白であるがやはり大学での正科でない点が、社会での認識度を希薄にし、多くの問題等も当該点に起因しているものと看取されるのである。

まとめ

博物館学の確立期は、坪井正五郎・黒板勝美らによる明治時代中期〜後期であることは前述したとおりであり、120年余を経る。また、我が国最初の博物館に関する論文を記した明治8

年(1875)の栗本鋤雲の「博物館論」からは140年余りの歴史を数える。即ち、博物館学は、概ね1世紀半に互る歴史を有する学域であることは縷々述べて来た通りである。

平成時代に入っては、博物館学研究者も増加し、その論著も年を追って多くなっているのが現状で22,000余点を数え、平成27年度の博物館に関する論著は前句したように約600篇余を数えることは驚くべき事実である。

この一方で、現場である博物館と博物館学との現実乖離が顕著になった時代であるとも言えよう。

具体的には国内最大の博物館学の学会である全日本博物館学会の会員に於いても、また主催する研究会等々への参加者を例にとっても、博物館学芸員は極めて少ないのが現状である。博物館学会、即ち博物館学と現役学芸員との乖離とも表現できる現象には驚かされる。つまり、当該現象からは現役学芸員の大半は博物館学を未だ必要としない職場に居ると判断出来るのである。今日に続く本現象の原因は、個々の学芸員が有する本来の専門性のみに専従して来た結果であろう。即ち考古学学芸員、民俗学学芸員、植物学学芸員と言ったある学域のみを専門とする学芸員ではなく、考古、民俗、植物等々のそれぞれの専門知識を有した上で、さらに博物館学知識を有した博物館学芸員が必要であることは確認するまでもない。

原因は、学芸員養成方法にあったと指摘して間違いなかろう。つまり、養成学芸員の博物館学の知識・資質が時代に流れに対応し得ていなかったものと考えられる。

博物館法施行規則の改正により、平成24年より養成学芸員の資質の向上を目的としたカリキュラムの増強による20・30

年先の博物館経営における成果を期待したいが、それにはさらなる科目の増強と一日も早い大学院教育の拡がりが必要であると考える次第である。

このことは、学術の上での学術分類の名称である博物館学は、大学教育の中での教育科目として設置の存否に関することも記したとおりである。

博物館学とは、人文系科学体系の中の一つの科学の分野であり、その学術分野は基礎性と総合性が相俟ったうえで独立し、理論体系が完備したものでなければならないと考える次第である。

註

1　倉田公裕 1979『博物館学』東京堂

2　福沢諭吉 1980『西航記』『福沢諭吉全集』第 19 巻、岩波書店

3　福沢諭吉『西航手帳』（富田正文・長尾政憲 1984『西航手帳解説』福沢諭吉協会）

4　福沢諭吉 1872『西洋事情』慶応義塾大学出版会

5　植村千之助 1869「博物園ノ儀ニ付建白書」『中外新聞』第 5 号

6　佐野常民 1875「博物館設置ニ関スル意見書」『わが国の近代博物館施設発達資料の集成とその研究　明治編 1』日本博物館協会

7　栗本鋤雲 1875「博物舘論」『郵便報知新聞』第 790 号

8　岡倉天心 1889「博物舘に就て」『日出新聞』（9 月 2・4・5・6 日）

9　坪井正五郎 1890「パリー通信」『東京人類學雜誌』、1899「土俗的標本の蒐集と陳列とに關する意見」『東洋學藝雜誌』16‐217、1904「人類學標本展覽會開催趣旨設計及び効果」『東京人類學雜誌』219、1905「戰後事業の一としての人類學的博物館設立」『戰後經營』、1912「歐米諸國旅行雜話」『農商務省商品陳列館報告』1、1912「人類學と博物館」『通信科学』

10　前田不二三 1904「學の展覽會か物の展覽會か」『東京人類學會雜誌』219

11　神谷邦淑 1893・1894「博物館」『建築雜誌』

12　高山林次郎 1899「博物館論」『文學界雜誌』（『樗牛全集』三）

13　箕作佳吉 1899「博物舘ニ就キテ」『東洋學藝雜誌』215

14 白井光太郎 1903『植物博物館および植物園の話』玩古齋蔵版

15 白井光太郎 1911「維新前の植物園」『植物學雜誌』25―291

16 白井光太郎 1918「本草博物館設立と古記錄の保存」『薬草輸出農産』2―2

17 不詳 1904「植物園及動物園」『京都美術協會雜誌』61、京都美術協會事務所

18 内田四郎 1903「繪畫陳列館」『建築雜誌』206・207

19 谷津直秀 1908「博物館内の兒童室」『動物學雜誌』20―237、1908「動物園に關しての一考察」『動物學雜誌』20―242

20 山松鶴吉 1910『現今小學校の欠点及改良方法』同文館

21 黒板勝美 1911『西遊弍年　欧米文明記』文會堂書店

22 黒板勝美 1912「史蹟遺物保管に關する意見書」『史學雜誌』23―5、1912「博物館に就て」『東京新聞』9363-9372、1913「郷土保存について」『歴史地理』21―1、1918「國立博物館について」『新公論』33―5 をはじめ、博物館学に関する論文は約20編を数える。

23 相原熊太郎 1912『餘をして小學校長たらしめば』明治教育社

24 入江　保 1912『高等小學讀本教授參考書』前篇、浅川活版所

25 帝國教育會編 1917『教育年鑑　大正7年』文化書房、p.460

26 谷津直秀 1912「活氣ある博物館を設立すべし」『新日本』2―2

27 川村多實二 1920「米國博物館の生態陳列」『動物學雜誌』132―1、1926「動物園と水族館」『自然科學』創刊号、1936「動物園の職能と様式」『文藝春秋』3月号、1958「自然科学博物館の必要性―大学的研究と博物館的研究」『博物館研究』31―1　ほか

28 三好　學 1914『欧米植物觀察』富山房

29 浜田耕作 1922『通論考古學』大鎧閣

30 三好　學 1915『天然紀念物』富山房

31 棚橋源太郎 1930『眼に訴へる教育機關』寶文館

32 棚橋源太郎 1932『郷土博物館』刀江書院

33 森金次郎 1931「郷土博物館の設立と經營」『郷土―研究と教育』6、郷土教育連盟

34 1932『郷土史講座』全15巻、雄山閣

35 帝室博物館 1938『帝室博物館略史』

36 藤山一雄 1940『新博物館態勢』満日文化協會

37 棚橋源太郎 1944『本邦博物館發達の歴史』日本博物館協會

38 村井　實 訳・解説 1979『アメリカ教育使節団報告書』講談社学術文庫

39 棚橋源太郎 1950『博物館學綱要』理想社

40 木場一夫 1949『新しい博物館―その機能と教育活動―』日本教育出版社、1949「博物館」『視覚教育精説』金子書房 ほか

41 鶴田総一郎 1956「博物館学総論」『博物館学入門』日本博物館協会

42 浜根 洋 1963「博物館について」『博物館研究』36―12

43 岩崎友吉 1962『私は国宝修理屋』朝日新聞社、1977『文化財の保存と修復』日本放送出版会
田辺三郎助・登石健三 1998『美術工芸品保存と保管』フジ・テクサービス
登岩建三 1970『古美術品保存の知識』第一法規出版、1977『遺構の発掘と保存』雄山閣、1979『古美術品材料の科学』第一法規出版

44 伊藤寿朗 監修 1991『博物館基本文献集』大空社

45 1978~81『博物館学講座』全10巻、雄山閣

46 椎名仙卓 1972「黎明期における教育博物館の実態」『博物館研究』44―4

47 椎名仙卓 1988『日本博物館発達史』雄山閣、1989『明治博物館事始め』思文閣、1993『図解博物館史』雄山閣

48 加藤有次 1977『博物館学序論』雄山閣

49 伊藤寿朗・森田恒之 1978『博物館学概論』学苑社

50 竹内順一 1985「第三世代の博物館」『冬晴春華論叢』3、瀧崎安之助記念館

51 青木 豊 2009「新井重三先生(1920~2004)の博物館思想」『Museum Study：明治大学学芸員養成課程紀要』20、明治大学学芸員養成課程

52 新井重三 1981「展示の形態と分類」『博物館学講座 第7巻 展示と展示法』雄山閣

53 間多善行 1983『新説博物館学』ジー・シー

54 青木 豊 1985『博物館技術学』雄山閣

55 田辺 悟 1985『現在博物館論―地域博物館論の理論と実務』暁印書館

56 中川成夫 1988『博物館学論考』雄山閣

57 網干善教・小川光暘・平 祐史 編 1985『博物館学概説』全国大学博物館学講座協議会関西部会、2002『概説博物館学』芙蓉出版、2002『博物館実習マニュアル』芙蓉出版、2012『新時代の博物館学』芙蓉出版

58 全国大学博物館学講座協議会・東日本部会・西本部会 2018『全国大学博物館学講座協議会六〇周年記念 改訂増補博物館学文献目録』雄山閣

59 加藤有次 1971「博物館学史序説―博物館に関する概念―」『博物館學紀要』3、加藤有次1996『博物館学総論』雄山閣

60 伊藤寿朗 1972「戦後博物館設立記録」『博物館問題研究会会報』8

61 青木 豊 2010「博物館学史序論」『國學院大學博物館学紀要』34、2016、

「明治・大正・昭和前期の博物館学の歴史」『観光資源としての博物館』㈱芙蓉書房出版、山本哲也 2011「博物館史の編成について」『全日本博物館学会誌』37-1

62　金子　淳 1995「ファシズム期における日本の博物館政策―国史館計画と大東亜博物館構想を中心に」『新博物館態勢―満州国の博物館が戦後日本に伝えていること』名古屋市博物館、1996「国史館計画の展開とその政治状況―戦時下博物館政策に関する一考察―」『東京学芸大学教育学部生涯教育研究室研究紀要』創刊号、東京学芸大学生涯教育研究室、1996『博物館の政治学』青弓社

63　伊藤寿朗監修 1990『博物館基本文献集』1～9、大空社、青木　豊 2012『明治期 博物館学基礎文献資料集成』雄山閣、青木　豊・山本哲也 2016『大正・昭和前期 博物館学基礎文献資料集成』上・下、雄山閣、青木　豊 2017『棚橋源太郎博物館学基本文献集成』上・下、雄山閣

64　加藤有次 1996『博物館学総論』雄山閣、前掲註1・49、青木　豊 2011「博物館学とはなにか」「博物館学の目的と方法」『新編博物館概論』同成社

65　1979～1981『博物館学講座』全10巻、雄山閣、1988～2001『新版博物館学講座』全15巻、雄山閣（一部未刊）

66　大堀　哲 監修 2001『博物館学シリーズ』全7巻　別巻、樹村房、大堀哲・水嶋英治 2013『新博物館教科書　博物館学Ⅰ～Ⅳ』全4冊、学文社

67　椎名仙卓 2014『博物館学年表：法令を中心に：1871-2012』雄山閣

68　倉田公裕 監修　石渡美江・熊野正也他 1996『博物館事典』東京堂、全日本博物館学会編 2011『博物館学事典』雄山閣

69　前掲註54に同じ、青木　豊 1997『博物館映像展示論』、2013『博物館展示の研究』（以上、雄山閣）、駒見和夫 2014『博物館教育の原理と活動』学文社

70　これからの博物館の在り方に関する検討協力者会議 2007「新しい時代の博物館制度の在り方について」

71　これからの博物館の在り方に関する検討協力者会議 2009「学芸員養成の充実方策について」（第2次報告書）

Chapter
6

ICOM と日本の博物館

栗原祐司　*Yuji Kurihara*

ICOM 京都大会開催決定
(2015 年 6 月 2 日　パリ・ユネスコ本部)

Chaper 6　ICOM と日本の博物館

はじめに

　本章では、ユネスコの勧告をはじめとする国際的な博物館政策との関係で重要な役割を果たす国際博物館会議（International Council of Museums：ICOM）と日本の博物館との関係について述べ、あわせて世界的に独特な展開をしてきた日本の博物館制度の現状と課題についても概観する。

1　ICOM とは

　ICOM は、世界の博物館の進歩発展を志向する専門家集団であり、歴史や美術、考古学、民俗、科学、技術、自然史などの博物館関係者の世界的な組織である。また、ユネスコと公式な協力関係を結んでいる非政府団体（NGO）であり、国連の経済社会委員会の顧問としての役割を果たしている。2019 年 7 月現在、138 の国・地域が加盟し、40,000 人以上の会員を有し、本部はパリに置かれている。ICOM の会員は加盟各国毎で構成する国別の国内委員会（National Committee）と専門分野別の国際委員会（International Committee）に所属することができ、現在、119 の国内委員会があり、以下の 30 の国際委員会に分かれて活動している（表1）。

　また、地理的に各国内委員会が分かれて組織されている地域連盟（Regional Alliance）が 6 団体あり、日本はアジア太平洋地域連盟（Regional Alliance of Asia‐Pacific countries：ASPAC）に属している。このほか、ICOM に加盟する関係団体（Affiliated Organisation）が 21 団体ある。

　ICOM の主要なミッションは、①卓越した基準の設置、②外交的なフォーラムへの先導、③専門的なネットワークの発展、

④グローバルなシンクタンクへの先導、⑤国際的なミッションの遂行であり、そのために倫理委員会(Ethics Committee)や財務委員会(Finance and Resources Committee)などの8つの常置委員会(Standing Committee)と3つのワーキング・グループが設置されている。これらは会長の指名した者が委員となり、その使命が達成されれば解散となる。例えば2019年7月現在設置されている会員制度及び国際委員会の将来検討ワーキング・グループは、いずれもICOM京都大会までに結論を出し、大会後には解散もしくは発展的に解消される見込みである。

　以前、筆者もWork Group on the Statutes, Internal Rules and Regulations and Governance（WOG）という委員のメンバーであったが、ICOMリオデジャネイロ大会後の2014年に発足し、ICOMの組織体制の全体的な見直しについて検討を行い、検討結果を執行役員会議に報告した上で2016年のICOMミラノ大会時の諮問会議及び総会において審議、了承され、その役割を終えた。その結果、ICOM内の各組織等の職掌や投票権等詳細にわたる見直しが行われ、従来の執行役員会はExecutive CouncilからExecutive Boardに、諮問会議はAdvisory CommitteeからAdvisory Councilになるなどの変更があった。基本的にはメールおよびスカイプによる会議だが、6月の諮問会議及び総会時には半日かけて対面での会議を行った。

　なお、現在筆者は常置委員会の一つである災害対策委員会(Disaster Risk Management Committee)のメンバーだが、より多くの会員による研究や議論が必要であることから、新たな国際委員会の設立に向けた手続きを進めており、早ければICOM京都大会で31番目の国際委員会となる見込みである。ただし、一方

Chapter 6 **ICOM と日本の博物館**

表 1　ICOM 国際委員会

1	AVICOM	International Committeefor Audiovisual, New Technologies and Social Media 視聴覚、新技術とソーシャルメディア国際委員会
2	CAMOC	International Committee for the Collections and Activities of Museums of Cities 都市の博物館のコレクションと活動に関する国際委員会
3	CECA	International Committee for Education and Cultural Action 教育と文化活動国際委員会
4	CIDOC	International Committee for Documentation ドキュメンテーション国際委員会
5	CIMCIM	International Committee for Museums and Collections of Musical Instruments 楽器の博物館とコレクション国際委員会
6	CIMUSET	International Committee for Museums and Collections of Science and Technology 科学技術の博物館とコレクション国際委員会
7	CIPEG	International Committee for Egyptology エジプト学国際委員会
8	COMCOL	International Committee for Collecting コレクション収集に関する国際委員会
9	COSTUME	International Committee for Museums and Collections of Costume 衣装の博物館コレクション国際委員会
10	DEMHIST	International Committee for Historic House Museums 伝統建築物に関する博物館国際委員会
11	GLASS	International Committee for Museums and Collections of Glass ガラスの博物館・コレクション国際委員会
12	ICAMT	International Committee for Architecture and Museum Techniques 建築と博物館技術国際委員会
13	ICDAD	International Committee for Museums and Collections of Decorative Arts and Design 応用美術の博物館・コレクション国際委員会
14	ICEE	International Committee for Exhibition Exchange 展示交流委員会
15	ICFA	International Committee for Museums and Collections of Fine Arts 美術の博物館・コレクション国際委員会
16	ICLCM	International Committee for Literary and Composers' Museums 文学と作曲博物館国際委員会
17	ICMAH	International Committee for Museums and Collections of Archaeology and History 考古学と歴史の博物館とコレクション国際委員会

18	ICME	International Committee for Museums and Collections of Ethnography
		民族学の博物館・コレクション国際委員会
19	ICMEMO	International Committee of Memorial Museums in Remembrance of the Victims of Public Crimes
		公共に対する犯罪犠牲者追悼のための記念博物館国際委員会
20	ICMS	International Committee for Museum Security
		博物館セキュリティ国際委員会
21	ICOFOM	International Committee for Museology
		博物館学国際委員会
22	ICOM‐CC	International Committee for Conservation
		保存国際委員会
23	ICOMAM	International Committee for Museums of Arms and Military History
		武器と軍事に関わる博物館国際委員会
24	ICOMON	International Committee for Money and Banking Museums
		貨幣博物館国際委員会
25	ICR	International Committee for Regional Museums
		地方博物館国際委員会
26	ICTOP	International Committee for the Training of Personnel
		研修国際委員会
27	INTERCOM	International Committee on Management
		運営管理国際委員会
28	MPR	International Committee for Marketing and Public Relations
		博物館マーケティング・PR 国際委員会
29	NATHIST	International Committee for Museums and Collections of Natural History
		自然史の博物館・コレクション国際委員会
30	UMAC	International Committee for University Museums and Collections
		大学付属の博物館とコレクション国際委員会

で前述のとおり国際委員会の将来検討ワーキング・グループ（Working Group on the future of International Committees）も ICOM 京都大会までに一定の結論を出すべく検討を進めているため、検討結果次第では 30 以下に再編される可能性もある。

　ICOM の執行役員（Executive Board）は、会長 1 名、副会長 2 名、収入役 1 名、通常役員 10 名及び諮問会議長 1 名からなり、任

期は 3 年、2 期までで、毎年大会時に選挙が行われる。各国際委員会も任期は一緒だが、選挙時期は必ずしも大会時でないところもある。

ICOM の年次総会(General Assembly)は、大会開催年を除く毎年 6 月にパリのユネスコ本部を会場に開催される。総会には会員であれば誰でも参加できるが、決議、承認を行う諮問会議(Advisory Council)は、例えば国内委員会は 5 票までと投票権が伴うことから、出席者は制限されることになる。また、近年では、国内委員長と国際委員長に分かれて委員長会議(Separate Meeting)を開催し、議論を行っている。

ICOM 大会(General Conference)は 3 年に 1 回開催され、これまでの開催国及びテーマは表 2 のとおりである。直近では 2016 年にイタリア・ミラノで開催され、2019 年に京都で開催される。

なお、新聞報道等で時折「世界博物館大会」という表記も散見され、かつては日本博物館協会でもそのように表現していたこともあったが、ICOM そのものが国際組織であるため、ことさら「世界」と冠する必要はなく、毎年度各地で開催している各国際委員会の年次会合も、ある意味世界大会であり、安易な和訳は避けるべきであろう。

次回、2022 年の ICOM 大会は、2018 年の諮問会議における選挙でアレキサンドリア(エジプト)に決定し、初のアフリカ・アラブでの開催として大いに盛り上がったが、その後不適格要件等があり、2019 年 7 月の執行役員会議で議論がなされ、ICOM 京都大会で新たな開催地が決定される。

ICOM は、1977 年に 5 月 18 日を「国際博物館の日(International Museum Day)」と定め、毎年テーマを設定し、世界的に様々なイ

1　ICOMとは

表2　ICOM大会開催都市一覧

回	年	開催都市	開催国	大会テーマ
1	1948	パリ	フランス	
2	1950	ロンドン	イギリス	Exchange of collections and conservation personnel; inventory of scientific instruments; museums and education; problems of professional training
3	1953	ジェノバ、ミラノ、ペルガモ	イタリア	Problems of museums located outside; problems of museums in undeveloped areas; the architecture of museums and museums in modern town‐planning
4	1956	バーゼル、チューリッヒ、ジュネーブ	スイス	The museum in our time; the natural history museum in the modern world; the problem of history museums in our times; the planning and organization of the modern technical museum; Babel's Tower
5	1959	ストックホルム	スウェーデン	Museums as mirrors: their potentialities and limitations
6	1962	ハーグ	オランダ	Precautions against theft of art works; conservation of cultural property; the role of history and folklore museums in a changing world; observations on the museum profession; the objectives of the museum: research centres or exhibition hall?; the educational role of museums
7	1965	ニューヨーク	アメリカ	Training of museum personnel
8	1968	ケルン、ミュンヘン	西ドイツ	Museum and research
9	1971	パリ、グルノーブル	フランス	The museum in the service of man, today and tomorrow: the museum's educational and cultural role
10	1974	コペンハーゲン	デンマーク	The museum and the modern world
11	1977	モスクワ	ロシア	Museums and cultural exchanges
12	1980	メキシコシティ	メキシコ	The world's heritage‐the museum's responsibilities
13	1983	ロンドン	イギリス	Museums for a developing world
14	1986	ブエノスアイレス	アルゼンチン	Museums and the future of our heritage: emergency call
15	1989	ハーグ	オランダ	Museums: generators of culture
16	1992	ケベック	カナダ	Museums: re‐thinking the boundaries?
17	1995	スタヴァンゲル	ノルウェイ	Museum and communities
18	1998	メルボルン	オーストラリア	Museums and cultural diversity: ancient cultures, new worlds
19	2001	バルセロナ	スペイン	Managing Change: museums facing economic and social challenges
20	2004	ソウル	韓国	Museums and Intangible Heritage
21	2007	ウィーン	オーストリア	Museums and Universal Heritage
22	2010	上海	中国	Museums for Social Harmony
23	2013	リオデジャネリロ	ブラジル	Museums（memory + creativity）= social change
24	2016	ミラノ	イタリア	Museums and Cultural Landscapes
25	2019	京都	日本	Museums as Cultural Hubs: The Future of Tradition

Chaper 6　ICOM と日本の博物館

表 3　近年の国際博物館の日のテーマ

2012 年	Museums in a changing world. New challenges, new inspirations 変容する世界と博物館〜新しい挑戦、新しい発想〜
2013 年	Museums（Memory+Creativity）=Social Change 博物館（記憶と創造）は未来をつくる
2014 年	Museum collections make connections コレクションは世界をつなぐ
2015 年	Museums for a sustainable society 持続する社会と博物館
2016 年	Museums and Cultural Landscapes 博物館と文化的景観
2017 年	Museums and Contested Histories: Saying the Unspeakable in Museums 歴史と向き合う博物館―博物館が語るものは―
2018 年	Hyperconnected Museums: New approaches, new publics 新次元の博物館のつながり―新たなアプローチ、新たな出会い―
2019 年	Museums as Cultural Hubs；The Future of Tradition 文化をつなぐミュージアム〜伝統を未来へ

ベントや入館無料等の行事を行っている（表3）。2004 年以降、大会開催年は大会テーマがそのまま国際博物館の日のテーマとしているが、近年のテーマを見れば、世界の平和と社会の発展に貢献する博物館の役割をアピールする ICOM の姿勢が垣間見えるであろう（日本語訳は、日本博物館協会の理事会において決定しているが、必ずしも直訳ではない点で苦労が偲ばれる）。なお、5 月 18 日とした理由は、1977 年 5 月 18〜29 日にモスクワで開催された第 11 回 ICOM 大会において「国際博物館の日」を設ける決議が採択されたことにちなんでいる。我が国では、はるかに遅れて 2002 年から日本博物館協会がこれに参加し、毎年記念事業の実施を呼びかけるとともに、取りまとめを行っている。

2　ICOMにおいて我が国が果たしてきた役割と現状

　1946 年に ICOM が設置されてから、我が国では博物館法制定の動きと並行して日本博物館協会において ICOM 国内委員会

2 ICOMにおいて我が国が果たしてきた役割と現状

の設置に向けた準備を進めた。早くも1950年にロンドンで開催された第2回ICOM大会に、中井猛之進・国立科学博物館長がオブザーバーとして出席し、1951年5月には第1回国内委員会を開催している。同年6月にはパリで開催された第6回ユネスコ総会において西ドイツとともに日本の加盟が承認され、7月2日にロンドンにおいて英国政府が保管するユネスコ憲章に前田多門代表が署名し、同政府に受諾書を寄託し、同日付けをもって日本は正式にユネスコの加盟国となった。

日本のユネスコ加盟を受けて、ICOM国内委員会設立に向けて、中井猛之進委員長はじめ、浅野長武・東京国立博物館長、古賀忠道・上野動物園長、徳川宗敬・日本博物館協会長、棚橋源太郎・日本博物館協会専務理事ら10名が名前を連ね、ICOM本部へ参加申請を行ったが、さらに数名の委員の追加を勧告されたことから、4名を追加して改めて申請を行い、翌1952年2月に正式に加盟が承認された。

しかしながら、同年7月にパリで開催された第7回諮問委員会の招待状が来たものの、経済的な事情により出席することができず、我が国がICOM加盟国として正式にICOMの会議に出席したのは、1953年にイタリアのジェノバ及びミラノで開催された第3回ICOM大会のことで、中井猛之進氏の逝去により委員長となった浅野長武氏並びに日本ユネスコ国内委員会の推薦により、深井晋司・東京大学文学部美術史研究室助手及び山岸一郎・長野県教育委員の3名が出席した。

第2代ICOM日本委員長である浅野長武氏は、1953年から56年、1962年から69年まで、ICOMの執行役員（Executive Council Member）を務め、国際的にも博物館の発展に尽力した。

例えば、1957年にユネスコ発行の機関誌 Museum で日本の博物館の特集を組み、初めて世界に日本の博物館事情を紹介した。また、1960年9月にはユネスコ及び文部省主催による「アジア太平洋地域博物館セミナー」を東京・京都・奈良で開催し、同セミナーと「博物館をあらゆる人に解放する最も有効な方法に関する勧告」の関連については、第2章で井上由佳氏が述べたとおりである。

第4代 ICOM 日本委員長の福田繁・国立科学博物館長も、1972年から74年まで、1981年から83年まで ICOM の執行役員を務め、1973年にユネスコ・アジア文化センターとの共催で「アジア地域博物館の近代化に関する会議(Roundtable Conference Modernization of Museum Activities in Asia)」を、1976年にはユネスコ主催で「アジア地域博物館の近代化に関するセミナー (Regional Seminar on the Adaptation of Museum in Asia to the needs of the Modern World)」を我が国で開催した。これらの会議では、アジアの博物館の近代化のためにも博物館の中堅職員の訓練研修が早急に必要であるとされ、1976年にテヘランで開催された第1回 ICOM アジア地域会議(Asian Regional Assembly)、1979年にバンコクで開催された第2回 ICOM アジア地域会議においても大きく取り上げられ、これらを受けて1980年5月にユネスコ・アジア文化センターとの共催で「アジア地域博物館職員訓練会議(Planning Meeting on Personnel Training in Asia)」が東京で開催され、我が国から「アジア地域博物館職員研修基準要目」が提案されている。さらに、1983年10月にも、ユネスコ・アジア文化センターとの共催で「アジア太平洋地域博物館中堅職員研修セミナー」を、約1か月にわたり首都圏と関西地区の博物館を

会場に開催した。

その後、国立科学博物館事業部長であった鶴田総一郎氏も、ICOFOM（博物館学国際委員会）副委員長を務め、1986年から89年までICOMの執行役員となったが、鶴田氏を最後に我が国から30年以上執行役員は選出されていない。

第5代ICOM日本委員長の犬丸直・東京国立近代美術館長は、1986年から1989年までASPACの前身であるアジア太平洋地域委員会（Regional Agency in Asia and Pacific）の委員長を務め、1987年に第1回代表者会議（理事会）を東京で開催した。同委員会は2007年に現在のASPAC（Asia-Pacific Regional Alliance）に名称を変更したが、犬丸氏以降も我が国からボードメンバーに選出されているものの、主体的な活動は見られず、2004年から2013年まではボードメンバーにすらなっていない。2013年のリオデジャネイロ大会で、筆者が副委員長に選出され、2016年にも再選されたが、ASCPACのボードメンバーは今後も堅持すべきであろう。

一方で、1992年から1998年まで、ASPACの委員長も務めたインドのSaroj Ghose氏がアジアから初めてICOM会長に就任し、執行役員も中国、韓国から選出されている。2016年には中国の安来順氏が副会長に就任するに至っていることを考えれば、我が国がアジアでも後れをとっていることは明らかであろう。

なお、棚橋源太郎氏は、1957年から1961年に逝去するまでICOMの名誉会員（Honorary Member）であった。当時名誉会員は、ICOMの創設者の一人で初代会長であったChauncey Jerome Hamlin氏（アメリカ）とスウェーデン国王であり考古学者でもあ

Chaper 6 ICOM と日本の博物館

ったグスタフ 6 世（Gustaf VI Adolf）と棚橋氏の 3 人だけという名
誉ある地位にあったが、やはりその後我が国から名誉会員は推
挙されていない。

　国際委員会では、国立音楽大学教授であった郡司すみ氏が
1995 年から 1998 年まで CIMCIM（楽器博物館国際委員会）の委員
長を務めたほか、これまでいくつかの委員会で日本人が理事に
選出されており、1991 年に CIMCIM、1994 年に COSTUME（衣
装博物館国際委員会）及び CIMAM（現代美術国際委員会）、2000 年に
MPR（マーケティング・交流国際委員会）、2009 年に ASPAC、2015
年に ICOFOM 及び CIMAM、2018 年に ASPAC の年次大会を日本
で開催した。2019 年の ICOM 京都大会開催時には、筆者を含
め 12 人が各国際委員会等のボードメンバーとなり、過去最大
数を記録しているが、これは大会開催国ゆえのことであり、問
題は ICOM 会員数と同じく、大会後にどれだけ維持できるかで
あろう。実際、副委員長は筆者のみで、ICOM 日本委員会の歴
史上、委員長は前述の郡司すみ氏しか輩出していないのであ
る。常置委員会やワーキング・グループの委員も、同じく近年
では筆者しか指名されておらず、少なくとも ICOM Community
において日本の博物館人材は極めて脆弱であると言わざるを得
ない状況にある。もちろん、言葉の問題があるのは事実だが、
そうした人材を ICOM 日本委員会や日本博物館協会が育ててこ
なかったということもまた事実であろう。ICOM 京都大会後の
大きな課題の一つである。

　ICOM 日本委員会の事務局は、当初日本博物館協会に置かれ
ていたが、1960 年の協会改革とともに東京国立博物館に移転
し、1972 年に日本博物館協会が独立した事務所に移転するの

を契機に、再び同協会に復帰し、今日に至っている。現在は、青木保・前国立新美術館長が12代目となるICOM日本委員長を務めているが、歴代の委員長は、表4のとおり全員が国立博物館・美術館の館長であり、結果的に元事務次官や長官等の文部官僚出身者で占められている。よく見られる日本型の人材配置だが、一方で、平成時代において日本から一人も執行役員を輩出し得なかったことと無縁とは言えないであろう。ICOM大会開催国として、今後は国際的な素養を備えた博物館を専門とする人材を登用していく必要があると考えている。

このほか、日本博物館協会では、ICOM大会等において採択された勧告や論文発表等で重要なものを日本語に訳して頒布しており、例えば1967年に『博物館列品管理の方法』、1972年に『人類に奉仕する今日と明日の博物館』、1973年に『博物館組織－その実際的アドバイス』、1995年に『博物館の基本』等をICOM日本委員会として翻訳・出版している。近年では、2017年に二つのユネスコ勧告を翻訳・配布したほか、2004年に「ICOM職業倫理規程（ICOM Code of Ethics for Museum）」や、ICOFOMが中心になって2016年に発行した『博物館学のキーコンセプト

表4 ICOM日本委員会歴代委員長

中井猛之進	国立科学博物館長	1951～1952
浅野長武	東京国立博物館長	1952～1969
稲田清助	国立近代美術館長	1969～1971
福田　繁	国立科学博物館長	1971～1986
犬丸　直	東京国立近代美術館長	1986～1990
井内慶次郎	国立科学博物館長	1990～1993
佐野文一郎	東京国立博物館長	1993～1996
坂本弘直	国立科学博物館長	1996～2001
林田英樹	国立科学博物館長	2001～2002
佐々木正峰	国立科学博物館長	2002～2010
近藤信司	国立科学博物館長	2010～2013
青木　保	国立新美術館長	2013～

（Key Concepts of Museology）』、ICOM が OECD と共働して取りまとめた『文化と地域の発展：最大限の成果を求めて（Culture and Local Development：Maximising the Impact）』等の翻訳も行い、博物館関係者の参考に供している。

なお、ICOM 日本委員会及び日本博物館協会では、当初フランス語での発音に従って「イコム」と表記・発音していたが、近年英語読みの「アイコム」と発音する会員が主流になってきたことから、日本でも 2015 年頃から表記を「ICOM」に改め、「アイコム」と発音するようになっている。

3　我が国の博物館政策の現状と課題

さて、いよいよ ICOM 大会の招致について述べる前に、我が国の博物館政策の現状と課題について概観することにしたい。我が国の博物館政策の課題の解決が、ICOM 京都大会後の展望につながるからである。

我が国の博物館政策は、基本的に博物法に基づき、これを所管する文部科学省（文化庁）によって行われており、各地方公共団体においては原則として教育委員会が博物館行政を所掌している。国際的には、博物館法を制定している国は少なく、欧米においては国立博物館を除けば博物館協会が博物館の定義や基準等を制定している例が多い。逆に韓国や台湾のように戦後博物館を整備するようになった国が日本を参考に博物館法を制定している例も多くみられるが、残念ながら現状では反面教師的な役割を果たしているのが実態であろう。

博物館法制定の中心的役割を担った棚橋源太郎らは、国公立を含めた総合的な博物館法制度を志向していたが、1950 年に

法隆寺金堂の焼失という未曽有の事件が勃発し、これを受けて制定された文化財保護法に基づき、国立博物館が文化財保護委員会の所管下に置かれたことから、国立博物館は博物館法の対象から外れることになった。また、公立博物館については、社会教育施設であるがゆえに教育委員会法(現在の「地方教育行政の組織及び運営に関する法律」の前身)に基づき、教育委員会の所管であることを前提としたことから、その後の時代の推移に伴い、首長(都道府県知事、市町村長)部局が所管する公立博物館が増加し、2019年度から新たに大阪市によって地方独立行政法人が運営する公立博物館が誕生したにもかかわらず、それらが登録博物館になれない状態が続いている。施設整備費補助金の廃止をはじめ登録のメリットが減少したことともあいまって、登録博物館制度そのものが形骸化しているのが現状である。

このことは私立博物館についても、社会福祉法人やNPO法人、農業協同組合等、当初博物館法が想定していなかった多様な設置者が増加しているにもかかわらず、実態としてこれらの館が登録博物館になることができず、「博物館の設置及び運営に関して必要な事項を定め、その健全な発達を図る」(第1条)ことを目的としていたはずの博物館法が、時代の変化に対応できていないことは明らかであろう。もとより、登録の更新期限が設けられていないなど制度的な欠陥もあり、本来であれば適時適切な法制度の見直しをしなければならなかったにもかかわらず、1955年の改正を除けば、大きな法改正が行われてこなかったのである。

このことは、我が国が近年ICOMに積極的に参画してこなかったことについても同じことが言えるが、行政の不作為である

と国に責任を転嫁すれば済む話ではなく、学芸員の待遇改善を含め、博物館行政に対して積極的なロビー活動を行ってこなかった博物館界にも責任なしとは言えないだろう。

(1)登録博物制度

博物館法は、2019年6月までに26回に及ぶ法改正を行ってきているが、そのほとんどが行財政改革や地方分権等に伴う一括法による改正であり、これ以外の改正はほとんど条文を削除される一方の改正であったと言っていい。2008年の法改正は、教育基本法の改正を受けて社会教育法及び図書館法とともに改正を行ったもので、運営の状況に関する情報の提供について定めた第9条の2など、およそ半世紀ぶりに新たな条項を新設したが、最大の課題であった登録博物館制度を見直すまでには至らなかった。2008年の法改正に際しては、2006年9月に中川志郎・元日本博物館協会長を主査とする「これからの博物館の在り方に関する検討協力者会議」が文部科学省生涯学習政策局に設けられ、13回にわたって具体的な検討を行い、その報告書「新しい時代の博物館制度の在り方について」では、登録の設置主体の限定撤廃や博物館相当施設の指定制度を登録博物館制度に一本化することなど幅広い内容を提言した。

しかしながら、博物館は法体系上、「社会教育施設」と位置付けられ、地方教育行政の組織及び運営に関する法律（以下「地教行法」という。）によって、教育委員会が所管することとされている。地方自治法では「事務委任」又は「補助執行」（第180条の2）あるいは共管という制度を認めており、条例上は教育委員会の所管のまま、首長部局が実際の業務を行っている例も多いのが

実態だが、抜本的に登録制度を見直すためには、地教行法の改正は避けて通れない。2008年の法改正に際して文部科学省生涯学習政策局はこれを検討したが、地教行法を所管する初等中等教育局としては、学校教育の首長部局への権限移譲を求める声が強い中で、ようやく決着をつけるかたちで2007年に文化・スポーツにのみ職務権限の特例を認めた地教行法の改正を行ったばかりであり、そのすぐ翌年に再び教育委員会の権限を緩和するような改正を行うことは難しかったと思われる。結局、文部科学省内において博物館法の抜本的改正は見送られることとなったのであった。

　ところが、その後十年を経て、文化行政は大きく変容した。東京オリンピック・パラリンピック競技大会の開催を一つの契機として、政府はインバウンドを中心とする観光政策を重点的に打ち出し、2016年9月から国立博物館・美術館で夜間開館や多言語化の推進などが急速に進められた。さらに翌2017年には文化審議会に「これからの文化財の保存と活用の在り方について」諮問がなされた。既に同年3月から文化庁庁舎内に内閣官房の「文化経済戦略特別チーム」が設置され、「稼ぐ」文化への展開が進められており、文化を「新たな有望成長市場」と位置付けた政府の方針は明らかであった。同年12月に文化審議会が取りまとめた「文化財の確実な継承に向けたこれからの時代にふさわしい保存と活用の在り方について」（第一次答申）を受けて、文化財保護法及び地教行法の改正が行われ、文化財保護に関する事務についても、教育委員会の職務権限の特例が認められることになったのである。

　また、文部科学省設置法の改正も行われ、2018年10月から

博物館行政は文化庁に一元化され、従来文部科学省生涯学習政策局が所管していた博物館法は文化庁の所管となった。

　文化財保護に関する事務を首長が担当できるのであれば、もはや博物館を担当できないとする理由は見出しにくい。中央教育審議会でも、生涯学習分科会に「公立社会教育施設の所管の在り方に関するワーキンググループ」を設けて議論を行い、最終的に 2018 年 12 月 21 日、中央教育審議会答申「人口減少時代の新しい地域づくりに向けた社会教育の振興方策について」がまとめられ、地方公共団体の長も公立社会教育施設を所管することを可としたのである。

　ここで一つ指摘しておきたいことは、2013 年 3 月以降、中央教育審議会生涯学習分科会に博物館関係者が委員になっていなかったことである。このことをもってしても博物館法が長らく改正されていない理由を如実に物語っているとは言えまいか。同ワーキンググループには、金山喜昭・法政大学教授が委員となり、長年の課題であった教育委員会所管の法的課題を解決したのである。

　さて、同答申を受けて地教行法は改正され、2019 年 6 月 7 日に公布・施行されたが、法制度上は依然として博物館は「社会教育施設」となっている。今後、教育基本法を改正し、博物館法を廃止する一方で、文化芸術基本法の下で新たな博物館振興法を制定するという方法もあり、日本学術会議が 2017 年 7 月 20 日にまとめた提言「21 世紀の博物館・美術館のあるべき姿―博物館法の改正へ向けて」では、文化財保護法と博物館法の一元化を検討すべき課題として挙げている。いずれにせよ、根本的な問題として、「社会教育施設」であることを堅持すべき

かどうかということは、改めて慎重な検討を行う必要がある。

　もう一つの課題は、登録博物館制度をどう見直すかである。既に 2017 年 3 月に日本博物館協会が「博物館登録制度の在り方に関する調査研究」報告書をまとめているが、登録制度を継続するのであれば、国立博物館・美術館や大学博物館、さらには地方独立行政法人や社会福祉法人等、全ての設置形態の博物館に登録申請を行う資格を与えるべきだろう。その上で、更新規定等を設け、外形的観点の審査ではなく、社会に求められる博物館として実質的な活動の量・質を審査する仕組みとする必要があると思われる。

　前述の協力者会議の報告では、全国の博物館に対する博物館登録審査業務や、学芸員に対する一定の資格の付与業務及び関係資格の認証業務を一元的に行う第三者機関の設立を提言しているが、この際登録制度に拘泥せず、米英のような博物館協会による認証（Accreditation）制度とすることも検討すべきであろう。ただし、登録であれ、認証であれ、重要なのは、それに伴うメリットがなければ意味がない。新たな制度では、予算や税制、規制緩和等の優遇措置だけでなく、運営や学術面での指導助言的な内容も含まれるべきで、近視眼的な数値目標等に基づく評価基準で判断するのではなく、真に博物館再生に向けた総合的な観点からのメリットが付与されなければ、再び形骸化の道を歩むことになるであろう。折しも、2019 年 9 月の ICOM 京都大会では、ICOM 規約の「Museum」の定義が見直されることが予定されており、これを踏まえて日本での博物館法改正の議論が本格化すると思われる。拙速に結論を急ぐのではなく、博物館関係者の叡智を絞って、登録制度の在り方も含め、より

よい博物館法制度を実現しなければならない。

（2）学芸員制度

　法令上博物館は社会教育施設という位置づけであることから、学芸員も教育従事者としての立場を有することになる。そして、その資格を取得するための要件については、博物館法施行規則（省令）で詳細に定めており、2009年4月にその改正を行い、養成課程の充実が図られた（2012年4月1日施行）。

　日本の学芸員は、欧米のキュレーターに比べてその社会的地位は低く、その職掌は法令上、博物館法の対象範囲内に限られている。しかし、いわゆる資料蓄積型の社会教育・文化・学術施設において、資料に関する専門的な研究を行い、その知識をもって展示・保管業務を行う国家資格は学芸員しか存在しないため、結果的に学芸員有資格者が博物館以外の施設で学芸業務を行う場合も「学芸員」を名乗っている例が多い。

　我が国で学芸員養成課程を有する大学は今なお300校あるが、実は博物館学の専任教員は全国で数えるほどしかないのが実態である。その多くは考古学や美術史等他の分野を専門とする教員であり、学生もまた主専攻のかたわら学芸員養成課程を履修している場合がほとんどである。また、大学を卒業して修士課程で博物館学を学ぼうとしても、今度は博物館学関連の研究科を開設している大学院はわずかしか存在しないというのが実態である。毎年およそ1万人の有資格者が誕生していながら、実際に博物館等に学芸員として就職できるのは数％であるということがよく喧伝されるが、実は、本格的に博物館学について学ぶ高度専門職業人養成の場そのものが、極めて限られて

いることも問題であろう。前述の協力者会議報告書では、いわゆる上級学芸員制度の創設や館種別の学芸員制度とすることなどの提案がなされているが、まずはハイレベルな現職研修を行うことも可能な大学院制度を充実させることが急務である。世界的に見れば、博物館の専門職員について国家資格を設けている国は少数でしかないが、我が国が早くも1951年に学芸員資格制度を設けたことは、日本の博物館の発展のための人材育成に大きな効果があったことは間違いない。問題は、その後の半世紀に時代の変化に応じた検証や見直しが十分に行われてこなかったことにある。アメリカでは特に資格はない。イギリスは博物館協会（MA）の任意資格である。韓国は日本の制度を換骨奪胎し、准学芸士から一級学芸士まで段階的な資格制度となっている。フランスのコンセルヴァトゥール（Conservateur）は、行政官としての専門資格である。学芸員制度を改革するとすれば、我が国はどの選択肢を選ぶべきなのだろうか。

　今や学芸員制度そのものが、グローバル社会の中で大きな変革を求められており、単なる社会教育施設の職員ではなく、博物館の総合的なマネージメントを行う高度職業人材としての育成が必要とされている。学芸員にとって必要とされる基本的な素養は、専門性だけではなく、豊富な教養と語学力、コミュニケーション能力、知的好奇心等であり、さらには健全な体力なども求められる。国際的な文化発信の観点からも、博物館を支える人材の養成の再検討が急務であろう。

（3）その他の関連法令

　博物館に関連する法令としては、近年文化行政における法整

備が積極的に進められてきた。1998年に相続税における美術品の物納を可能とする「美術品の美術館における公開の促進に関する法律」、2011年に展覧会の主催者が海外から借り受けた美術品に損害が生じた場合に、政府が当該損害を補償する「展覧会における美術品損害の補償に関する法律」（いわゆる「美術品国家補償法」）、同年に海外の美術品等の我が国における公開の促進を図るため、海外の美術品等に対する強制執行、仮差押え及び仮処分を禁止する「海外の美術品等の我が国における公開の促進に関する法律」（いわゆる「海外美術品等公開促進法」）が、それぞれ制定され、博物館政策の発展に寄与している。特に、海外美術品等公開促進法には、「国は、海外の美術品等の我が国における公開を促進するため、海外の美術品等に関する専門的知識を有する学芸員等の養成及びその資質の向上、民間団体が海外の美術品等の公開に関して行う活動に対する情報提供等の支援その他の必要な施策を講ずるものとする。」（第5条）という条文もあり、議員立法のためほとんど国会審議もなされていないものの、結果的には重要なことが規定されたと言っていい。

このほか、動物園、水族館や植物園等に関しては、むしろ環境省や国土交通省、経済産業省等が所管する法令に基づく規制等が多く、公益社団法人日本動物園水族館協会や、公益社団法人日本植物園協会の年次大会には、それらの省の担当官が来賓として出席している。

2018年10月から施行された文部科学省設置法において、文化庁は「文化に関する基本的な政策の企画及び立案並びに推進に関すること」と「文化に関する関係行政機関の事務の調整に関すること」（第4条第1項第77・78号）が新たな所掌事務とされた。

博物館行政が文化庁に一元化された今こそ、動物園、水族館や植物園等に関連する他省庁の博物館に関する法令をも包括し、新たな博物館法を定めるチャンスではないだろうか。すべての博物館関係者が望ましい博物館制度の構築に向けて全力で取り組むことを期待したい。

4 ICOM 大会の招致

話を ICOM に戻す。言うまでもなく 2019 年の ICOM 京都大会は我が国で初の開催だが、1953 年 6 月の「ICOM 日本委員会々報」(「日博協会報」No.25)によれば、同年 6 月 9 日に開催された ICOM 日本委員会総会において、次のことを協議決定したとあり、設立当時の ICOM 日本委員会の熱意のほどがうかがわれる。

　三. 本会の財政について

　　本大会は将来、財政的に博物館協会より独立する方針で努力する。

　　日本ユネスコ国内委員会に財政的な援助を要請する方法をとる。

　四. 次回の三年次大会を日本に招請すること。

　　ICOM の総会を日本で開催し、世界の博物館関係者をわが国に招致

　　することはきわめて有意義ではあるが相当の経費を要するので、イ

　　タリー総会出席の機会にこの点を研究する。

上記の「総会」は「大会」を意味していると思われるが、実際、我が国は第二次世界大戦後、1951 年にユネスコ、1956 年に国連に加盟し、国際社会において存在感を示すために 1960 年代以降、積極的に国際会議や国際大会等を誘致した。1964 年の東京オリンピック、1970 年の大阪万博の開催に続いて、1974 年に東京及び犬山で国際動物園長連盟(International Union of Directors of Zoological Gardens：IUDZG) 総会、1986 年に東

京で国際図書館連盟(International Federation of Library Associations and Institutions：IFLA)大会、1996年に東京で世界水族館会議(International Aquarium Congress：IAC)、1998年に名古屋で世界動物園機構(World Zoo Organization：WZO)大会をそれぞれ開催した。

　2.で述べたICOMのアジア関係の大会や研修会等の開催も、こうした動きの一環として位置づけられるが、近年、アジア全体が活性化する中で、それまで経済大国としてアジアを牽引してきた日本の存在感が薄れつつあり、逆に中国、韓国、台湾、シンガポールなどがさらなる国際的地位の向上を目指し、国家戦略として国際会議誘致に取り組むようになっている。とりわけ、博物館界においては、2004年に韓国・ソウルでアジア初の開催となるICOM大会を開催し、次いで2010年に中国・上海で開催し、国家戦略として博物館の振興に努めていることは周知のとおりである。特に中国では、1996年に北京で国際公文書館会議(International Council on Archives：ICA)、2005年に西安で国際記念物遺跡会議(International Council on Monuments and Sites：ICOMOS)、2007年に武漢で世界植物園会議(Global Botanic Gardens Congress：GBGC)、2008年に北京オリンピック、上海で世界水族館会議、2010年に上海で万博及びICOM大会を立て続けに開催するなど、各分野における国際発信力の強化に努めている。また、中国、韓国ではICOMの各国際委員会にも積極的にボードメンバーに立候補し、年次大会等を開催している。

　2.で述べたように、1989年のICOMハーグ大会以降日本から執行役員を輩出していない。それまでICOM日本委員会を牽引してきた鶴田総一郎氏が1992年に逝去され、鶴田氏の博物館学理論を批判的に継承していた伊藤寿朗氏もまた1991年に

亡くなったこともあり、バブル経済の崩壊とともにはじまった平成時代の日本は、博物館冬の時代であったと言っていい。実際、ICOM日本委員会は、ICOM大会を開催することはおろか、積極的に執行役員やボードメンバーに立候補することも推奨せず、筆者ですら当初は文部省職員であるという理由からICOM会員になれなかったのである。

一方で、バブルの余韻で国内には大型の博物館が建設されていくが、21世紀に入ると2004年に韓国がICOMソウル大会を開催し、アジアの博物館をリードしていくことになる。2006年に発足した日中韓国立博物館長会議や、2007年に発足したアジア国立博物館協会は、いずれも韓国からの提案によるものであった。2009年のASPAC東京大会ですら、我が国からの発意ではなく、当時ASPAC委員長であったInkyung Chang氏（現執行役員）からの強い要請によって開催が実現したものであり、当時文部科学省の社会教育課企画官の任にあってASPAC東京大会の実現に努めた筆者も、佐々木正峰ICOM日本委員長に幾度となく説明をし、開催を決断していただいたという経緯がある。なお、ASPAC東京大会の実行委員長を務めた水嶋英治氏は、翌2010年の上海大会で執行役員に立候補したものの、国際委員会の委員長や常置委員会のメンバー等を経験していなかったため、残念ながら落選している。当時はそれくらいICOMの体制について十分な認識を持ち合わせていなかったのである。

万博会場跡地を活用したICOM上海大会は、中国全土から博物館関係者を集めたまさに国威発揚の場であったが、3,600人を超える参加者があり、日本からの参加者の度肝を抜くのに十分であった。上海大会には、同年からICOM日本委員長となっ

た近藤信司・国立科学博物館長が、同じく同年日本博物館協会長となった銭谷眞美・東京国立博物館長とともに初めて ICOM 大会に参加した。これまでまったく ICOM 大会の開催に無関心であった ICOM 日本委員会が、日本での開催を意識するようになった記念すべき瞬間であった。

近藤委員長の意を受けて、ICOM 日本委員会は、2012 年 8 月に「ICOM 大会招致検討委員会」を発足させた。近藤委員長が主査を務め、翌 2013 年 3 月 27 日に報告書を ICOM 日本委員長に提出し、5 月 23 日の ICOM 日本委員会総会で報告がなされた。なお、これを機に青木保・国立新美術館長が新たに委員長となった。

検討委員会では、ICOM 大会を日本で開催することについては総論として反対意見の声はなかったが、その時期や体制等については様々な意見が出された。ICOM 大会開催地に立候補するとすれば、最短で 2019 年開催に向けて、2015 年 6 月の諮問会議での選挙を目指すことになる。準備時間はわずか 2 年しかなく、当時の筆者の感触としては、日本選出の国際委員会のボードメンバーはわずかに 5 人だけで、ICOM 会員数も少なく、英語が堪能で国際会議に精通している専門スタッフもほとんどいないという現状を踏まえ、すぐに開催するには時期尚早だと考えていた。しかしながら、南條史生・森美術館長から「いま誘致すべきかどうかの議論をしているのに、将来の立候補に向けて検討するという結論では、10 年たっても実現しない」との発言があり、宮田亮平・東京藝術大学長（現文化庁長官）からも「今日できることは明日に伸ばすことなく、直ちに着手しないといけない」との発言があり、報告書では「あと 6 年という短い

時間に世界大会を開催できる事務局体制や資金、人材を確保することは、かなり厳しいと言わざるを得ず、また、2016年の大会にはドバイやモスクワなども立候補していたことを考えると、2019年はそれらも有力な対立候補となることも予想される。そう考えると、当面は2019年を目標としたアクションプランを作成しつつも、2022年以降の開催も視野に入れた長期的な対応策を考えることが賢明であろう。」と慎重でありながらも前向きな表現となっている。

ともあれ、ICOM大会招致に向け、賽は投げられた。2013年8月に開催されたICOMリオデジャネイロ大会では、ICOM日本委員会として初めてブースを出展し、ICOM大会招致を模索している（seeking）旨のリーフレットを配布した。これが2019年の大会開催に一番乗りで手を挙げたこととなり、結果的にICOM関係者に強く印象付けられることとなった。

さて、ICOM大会を招致するためには、膨大な申請書類を作成しなければならない。そして、その中には大会のテーマや開催時期、場所、ロゴマーク等も明記する必要がある。このため、2013年12月に「ICOM大会招致準備委員会」を発足させ、大会開催に向けた具体的な検討を始めた。また、筆者ら数人がパリのICOM本部、ICOM大会を開催したICOM中国（北京）、ICOM韓国（ソウル）及び次回開催国であるICOMイタリア（ミラノ）各国内委員会を訪問し、大会開催に当たっての課題や教訓等詳細なヒアリングを行った。ヒアリングで一番印象に残ったのが、安来順氏（現ICOM副会長）から、上海大会開催に際し、北京と上海で情報を共有するのが大変だったという話と、ICOM役員を招致して国内関係者への研修会等を何度も行ったという

話であった。実際、ICOM 日本委員会事務局のある東京と、後に ICOM 京都大会準備室を設置する京都との間で、細かい行き違いは日常茶飯事であったが、大会の成功という一つの目標に向けた思いは一緒であったことから、大きな問題はなく準備が進められたと思われる。また、日本では ICOM 会員が少ないこともさることながら、大会に参加した経験者はさらに少ない。このため、文化庁の補助金も最大限に活用しながら、ICOM 役員を日本に招致して講演会やワークショップを開催したり、国際委員会等の会議に日本から一人でも多く参加できるよう努めた。

「ICOM 大会招致準備委員会」では、報告書はまとめていないが、まず、2013 年 12 月及び翌年 1 月の 2 回会議を開催し、2019 年に京都で開催する方向で準備を進めるとの結論に至った。開催年については、ちょうど 2013 年 9 月に東京オリンピック・パラリンピック競技大会の開催が決まったことから、オリンピックの開催後よりは開催前に招致するほうが、資金調達等の面で有利となる可能性があることや、2019 年招致で立候補したとしても、投票の結果、落選する可能性があるけれども、前述の「明日に伸ばさない」という考えに立って、まずは 2019 年招致を勝ち取る方向で体制づくりを急ぐべきとされた。また、開催地に関しては、委員の意見は大きく東京と京都に分かれたものの、東京への一極集中を避けるという意味でも、寄付金集めの面でも、東京以外での開催が望ましく、開催地は投票で決まるため文化的な知名度が高い京都のほうが有利であることなどから、最終候補地を京都と決定した。その後、京都府市の意向も確認した上で、2014 年 3 月 27 日に ICOM 日本委員会臨時総会を開催し、2019 年の ICOM 京都大会開催に向けて

立候補することを正式に決定した。なお、2016年頃から文化庁の京都移転が現実的なものとなり、ICOM京都大会はそのキック・オフ的な場としての意義づけも付与され、京都府市から手厚い支援を得ることができたのも幸いであった。

次に、テーマについては、準備委員会において2014年7月から10月にかけて十分な議論を行った。吉田憲司・国立民族学博物館長より、持続可能な発展と社会的な課題に博物館が貢献することが重要であることからCultural Hubsという表現を使ってはどうかとの提案があり、準備委員会としてMuseums as Cultural Hubs；The Future of Traditionとすることで決定した。この時点では、まだ正式な日本語訳は確定していなかったが、Hubsを直訳で「結節点」とすると二次元的な意味合いに限定されるため、サブタイトルであるThe Future of Traditionすなわち過去から未来へ、という意味も込めて「つなぐ」という訳が適切だろうということになり、最終的に「文化をつなぐミュージアム―伝統を未来へ―」という日本語に落ち着いた。

ロゴマークについては、一般公募を行い、応募のあった34作品について準備委員会で選考を行い、グラフィックデザイナーの榊原健祐氏の案に決定した。「ICOM 2019」の文字は、京都市立美術専門学校（現京都市立芸術大学）を卒業された田中一光氏の「光朝体」を採用し、伝統を感じさせつつ洗練された都会的なイメージを持つモダン・ローマンな書体となっている。当初は大会招致活動用のロゴマークであったが、比較的好評なこともあって、そのまま大会の公式ロゴマークとなった。国内向けには、「ICOMが周知されていない」との京都市の意向を踏まえ、後に上段に「国際博物館会議」という言葉を加えた。

Chaper 6 ICOM と日本の博物館

　2014 年 11 月 26 日に ICOM 日本委員長の意思表明書(Letter of Intent) を ICOM 本部に提出し、この時点で立候補したのは京都(日本)とシンシナティ (アメリカ)だけということが判明した。そして、関係者で手分けして ICOM が定めた手引き(Bidding Manual) を片手に英語で 130 ページを超える膨大な申請書(Bidding Paper)を作成し、2015 年 1 月 30 日に ICOM 本部に提出することができた。その後、2015 年 4 月 21～22 日に事務局長ほか ICOM 本部による現地視察(On-site Inspection)があり、いよいよ 6 月の諮問会議での選挙を迎えることとなったのである。

　国際的な知名度からすれば京都は絶対的に有利と思われたが、一方で例えば ICOM 会員の数は、当時アメリカが 1,321 に対し、日本は 194 と圧倒的に少なく、前述の通り各国際委員会等の役員数も日本はわずか 5 人で、ICOM の執行役員にも 1989 年以降選ばれていないという状態で、国としての博物館人材の差は歴然としていた。そのため、京都市内に 200 館以上の博物館や 40 以上の大学・短大があること、さらに市内には世界文化遺産、世界無形文化遺産、世界の記憶があり、アクセス良好、治安もよく、宿泊費や食事代も安い、というような都市の魅力を全面的に打ち出すことに努めた。また、英仏西語のリーフレットを作成し、投票権を有する各国内委員会や国際委員会等の委員長宛てに、ICOM 日本委員長から投票を依頼するレターを出すとともに、外務省に依頼して在外公館経由でサポートレターを出していただいた。さらに、英語による Facebook の発信を連日行った。心配だったのは、これまで ICOM 日本委員会は(日本の博物館界は、と言い換えてもいいが)、アフリカや南米諸国との交流がほとんどなかったため、その票が読めなかった

ことだ。その点は、独立行政法人国際協力機構（JICA）が主催し国立民族学博物館が中心となって1994年から実施している「博物館技術コース」（現在は「博物館とコミュニティ開発」）が、発展途上国における博物館の技術向上と、博物館間の国際的ネットワーク構築に大いに貢献してきており、そのルートからの働きかけも功を奏したのではないかと考えている。

こうして迎えた6月1〜3日のICOM諮問委員会では、ICOM本部の計らいで両都市とも初日の朝から会議室前にブースを設け、パンフレットやノベルティ・グッズ等の配布を行い、最後のロビー活動を実施した。京都側は、日本政府観光局（JNTO）や京都文化交流コンベンションビューローの御協力により京都のピンバッヂや絵葉書、観光案内、さらに一般に販売されている京都市内の博物館ガイドブックの英語版などを配布し、「JAPAN」と記した赤い法被を着て投票を呼びかけた。一方、シンシナティ側も、大型の広告塔を設置し、大リーグのシンシナティ・レッズの公式ボールや帽子などを配布してPRしていた。

投票に先立ち、各都市それぞれ10分間のプレゼンテーションの時間が与えられ、2日目の午前中にプレゼンの順番がくじ引きによって行われ、シンシナティが先攻と決まった。

6月2日の午後に行われた立候補都市によるプレゼンは、日米ともに3人の発表者が登壇した。また、いずれも3分程度の映像からスタートしたが、先にプレゼンを行ったシンシナティのプレゼンで映像の音声が流れないというアクシデントが発生した。2分程度会議は中断され、復旧後に改めて映像が流されたが、発表者は精神的にやや気勢をそがれたであろうことは想像に難くない。また、彼らのスピーチは特にパワーポイント等

の画像を用いておらず、メモを見ながらのスピーチであり、シンシナティのプレゼンが終わった時点で、内容的には負けていないことを確信した。

いよいよ京都のプレゼンである。後攻になったことから、発表者はあえて会場の後方に控え、通路を花道のようにゆっくり歩き、発表台へと向かった。この日のためにお越しいただいた聖護院八ツ橋専務取締役である鈴鹿可奈子さんの艶やかな振り袖姿を会場の参加者に印象付けるためである。まず、青木委員長による登壇者の紹介があり、約３分間のビデオ映像が流された。筆者は観光庁から「MICE アンバサダー」に委嘱されており、その活動費として映像作成に係る費用を助成していただき、京都で撮影を行い、何度も何度も打ち合わせを行い、編集し直し、オリジナルに作成した労作である。

映像終了後、青木委員長から開催の意義やテーマ等の紹介を行い、次いで、京都市民代表として鈴鹿可奈子さんが京都の魅力と暮らしやすさなどをわかりやすく具体的に説明し、最後に佐々木丞平・京都国立博物館長のあいさつで締めくくった。３人ともメモを見ることなく、堂々たる英語によるプレゼンであった。発表者の背後には、パワーポイントで京都のイメージ映像やキーワードを表示した。ICOM の会議では英語が基本で、フランス語及びスペイン語の同時通訳が入るが、すべての参加者がこの３か国語に堪能なわけではない。そのためには視力に訴えかけることも重要と考えたのである。また、前日には、ユネスコ日本政府代表部の会議室をお借りして、リハーサルも行い、スピーチ内容やパワーポイントの内容も直前まで推敲を重ねた。英語力ではネイティブのアメリカに叶うはずもないが、

プレゼンの質としては、間違いなく日本側のほうが上であったと確信している。

　プレゼン直後に電子投票が行われ、投票結果はすぐにスクリーン上で発表された。各国内委員及び国際委員会、地域連盟から100票が投じられ、京都72票、シンシナティ26票、棄権2票。京都の圧勝である。これまでの3年間にわたる準備の苦労が報われた瞬間であった。会場からは大きな拍手がICOM日本委員会の代表団に送られ、Hans‐Martin Hinz ICOM会長と青木委員長が固い握手を結んだ。また、シンシナティの代表団からも祝福のメッセージをいただいた。翌日の諮問委員会及び総会において、正式に2019年ICOM大会の開催地は京都市と決定し、世界中の参加者から多くの祝福とねぎらいの言葉をいただいたのであった。

参考文献

　ICOM大会招致検討委員会 2013「ICOM大会の招致について」（報告）

　イコム日本委員会 2005 イコム大会報告書（第20回　韓国　ソウル大会）

　イコム日本委員会 2008 イコム大会報告書（第21回　オーストリア　ウィーン大会）

　イコム日本委員会 2011 イコム大会報告書（第22回　中国　上海大会）

　イコム日本委員会 2014 イコム大会報告書（第23回　ブラジル・リオデジャネイロ大会）

　ICOM日本委員会 2017 ICOM大会報告書（第24回　イタリア・ミラノ大会）

　栗原祐司 2014「我が国の博物館法制度の現状と課題」『國學院雑誌』115—8

　これからの博物館の在り方に関する検討協力者会議 2007「新しい時代の博物館制度の在り方について」（報告書）

　中央教育審議会地方教育行政部会 2005「地方分権時代における教育委員会の在り方について」（まとめ）

　中央教育審議会 2013「今後の地方教育行政の在り方について」（答申）

　中央教育審議会 2018「人口減少時代の新しい地域づくりに向けた社会教育の

振興方策について」（答申）

日本学術会議 2017「21 世紀の博物館・美術館のあるべき姿―博物館法の改正へ向けて」（提言）

日本博物館協会 2017「博物館登録制度の在り方に関する調査研究」（報告書）

文化審議会 2017 「文化財の確実な継承に向けたこれからの時代にふさわしい保存と活用の在り方について」（第一次答申）

Chapter
7

ICOM 京都大会に向けて

栗原祐司　Yuji Kurihara

ICOM 京都大会記者発表（2019 年 5 月 26 日）

はじめに

　本章では、2019 年の ICOM 京都大会招致が決まった後、ICOM 日本委員会及び ICOM 京都大会組織委員会においてどのように準備を進めたのかを述べるとともに、ユネスコの勧告に対して十分な対応ができなかった我が国の博物館界が抱える大きな問題について指摘しつつ、今後の課題について述べることとしたい。

1　ICOM 京都大会組織委員会の活動

　2015 年 6 月に ICOM 京都大会の開催が決定し、できるだけ早く組織委員会を結成し、具体的な準備に入る必要があったが、必要な資金の確保、大会開催に向けた体制づくり、ICOM 本部や各国際委員会との連絡調整、ICOM 会員の増加及び人材育成等、課題は山積していた。まずは翌年の 2016 年に ICOM ミラノ大会があるため、とにかくここで多くを学ぶ必要があった。何しろ、ICOM 大会に参加経験のない関係者も多く、これが最初で最後の前例であったからだ。

　ミラノ大会に先立ち、2015 年 11 月 27〜28 日に、Hans-Martin Hinz ICOM 会長（当時）も参加して、ミラノと同じロンバルディア県のブレシアで国際会議（International Meeting in Brescia and Milan）が開催された。これは事実上、ミラノ大会のプレ大会であり、まず世界遺産都市ブレシアで「Museums, territorial systems and urban landscapes（博物館、地域制度と都市景観）」をテーマに、17 の研究発表が行われ、その後ミラノに移動してミラノ大会の会場視察と各国際委員会委員長等によるミーティングが行われた。日本からは筆者含め 4 名がオブザーバーとして

参加したが、この時各国際委員会の代表から出された様々な意見や要望、苦情等は、そのまま京都大会でも当てはまることから、大変参考になった。例えば、例年の年次大会と異なり、各国際委員会の発表募集（Call for Papers）のスケジュールは、発表が決まってから大会への参加登録をする方が多いことから、早期登録の締切と連動して早めに募集をかけてもらう必要があることや、大会8か月前の時点でミラノ大会組織委員会は基調講演者を公表していなかったため、それがわからないと参加登録者も増えないなど、手続き面での指摘も貴重だった。ともあれ、このプレ大会の開催は義務づけられたものではなかったが、開催する意義が極めて大きいと考え、京都大会でも前年の9月に舞鶴市の協力を得て「ICOM 舞鶴ミーティング」を開催した。

　さて、組織委員会等の体制づくりは、諸般の事情によりなかなか進まず、2016年6月9日にようやく佐々木丞平・京都国立博物館長を委員長とする「ICOM 京都大会2019組織委員会」を発足させることができた。当時筆者は東京国立博物館に勤務していたこともあって、当面は日本博物館協会とともに東京で準備を進めていたが、10月1日に独立行政法人国立文化財機構事務局長と京都国立博物館副館長の兼務となり、軸足を半分京都に置きながら準備を進め、ようやく2017年4月から専任となって京都に居を移し、京都国立博物館内に「ICOM 京都大会準備室」を設置した。当初は常勤2人、非常勤1人の体制だったが、国立文化財機構の配慮で徐々に体制を増強し、最終的には国立文化財機構本部及び京都国立博物館の併任（専従）3人、常勤3人、非常勤2人の大所帯となった。

　また、4月18日には組織委員会の下に筆者を委員長とする

「ICOM京都大会運営委員会」を発足させた。事実上の作業チームであり、各国際委員会の窓口担当やボランティア担当、そして学術研究担当等に分かれて様々なご協力をいただいた。

さらに京都府市等が支出する予算を管理するための実行委員会組織として、「ICOM京都大会京都推進委員会」も発足した。一見、複雑な体制のように見えるが、要は予算執行上の手段に過ぎず、推進委員会は主にイベントを担当していただいた。これを機に、いままでなかった京都府の博物館組織として、2017年1月に「京都府ミュージアムフォーラム」が発足したのは、一つの大きな成果であろう。

このように、ICOM中国国内委員会から事前に上海大会における北京と上海の関係の話は聞いていたが、ICOM京都大会開催に向けた諸準備は、結局基本的に京都を中心に進めることとし、そのための財源は当面国立文化財機構が負担し、文化庁の補助金も活用しながら、ファンドレイジングに尽力することになったのである。

さて、これからの3年間は、まさに疾風怒濤の日々であった。まず、2016年7月3〜9日にICOMミラノ大会があり、日本からは過去最大の124人が参加した。また、積極的にボードメンバーに立候補するよう働きかけ、第6章で述べたとおり筆者を含め12人が各国際委員会等のボードメンバーとなった。

ICOM本部との契約では、定期的に進捗状況の報告を行うことになっていたことから、6月の総会及び諮問会議に際して打ち合わせを行ったり、我々がパリのICOM本部事務局を訪問したり、逆にPeter Keller事務局長等に現地視察を兼ねて京都にお越しいただいたりした。また、Executive Boardの会合には

一度だけ筆者がパリの ICOM 本部事務所でプレゼンを行った
が、その後はスカイプで佐々木委員長から報告していただい
た。印象的だったのは 2018 年 6 月の諮問会議で、幸いなこと
に長野冬季オリンピックの公式ポスターも描かれた絹谷幸二画
伯に、無償で公式ポスターをお描きいただいたことから、これ
を公表し、しかも諮問会議に出席してスピーチまでしていただ
いたのである。さらに、休憩時間にはポスターにサインまです
るというサービス精神には、頭が下がる思いであった。

　ICOM ミラノ大会で会長に就任した Suay Aksoy 氏にも、2017
年 5 月 21 日に京都国立博物館で開催した国際博物館の日記念
シンポジウムで初来日していただいたのを皮切りに、同年 11
月 14〜17 日に日本科学未来館で開催された世界科学館サミッ
トに来賓として出席した際に、東京国立博物館で「ミュージア
ム・カフェ」にご参加いただいたり、2018 年 9 月 30 日の ICOM
舞鶴ミーティング、同年 11 月 28〜30 日に東京・上野で開催し
た日本博物館協会創立 90 周年記念の全国博物館大会、12 月 1
日〜3 日に九州国立博物館で開催した ICOM-ASPAC 九州大会に
も参加していただくなど、たびたび来日され、直接打ち合わせ
を行うことができた。

　また、国際委員会の窓口担当には、それぞれの年次会合等に
参加し、京都大会のアピールを行っていただくとともに、アメ
リカ博物館協会（AAM）、イギリス博物館協会（MA）、中国博物館
協会（MPT-EXPO）、中華民国博物館学会、韓国博物館協会、ア
ジア国立博物館長会議、日中韓国立博物館協会議ほか、様々な
博物館関係の国際会議に積極的に参加し情報発信を行った。ま
た、同レベルの国際大会の参考に資するため、2016 年 9 月に

ICA（国際公文書館会議）ソウル大会、2017年8月にIFLA（国際図書館連盟）ブロツワフ大会（ポーランド）にも参加した。同じく国内でも、日本動物園水族館協会、日本植物園協会、全国美術館会議、美術館連絡協議会、全国科学博物館協議会、全国科学館連携協議会、日本プラネタリウム協議会、日本公開天文台協会、全国文学館協議会、全国大学博物館学講座協議会、大学博物館等協議会、全国歴史民俗系博物館協議会、企業史料協議会、企業メセナ協議会、全日本博物館学会、日本展示学会、日本ミュージアムマネージメント学会、アートドキュメンテーション学会、文化経済学会＜日本＞、美術史学会、文化資源学会、日本マンガ学会等、博物館に関する様々な学協会の総会等に参加してアピールを行った。

なお、計画したわけではないが、この時期に日本で博物館関連の国際会議が以下のように数多く開催されており、ICOM京都大会開催の機運の醸成につながったと思われる。筆者もいくつかの会議で発表を行うなどICOM京都大会のアピールを行わせていただいたが、国際会議の運営面に関しても学ぶことが多かったのも事実である。

> 2016.6.24～27　The Association for Asian Studies（AAS）in Asia
> （アジア学会アジア大会）　同志社大学

> 2016.8.28～9.2　World Archaeological Congress（WAC-8）
> （世界考古学会議）　同志社大学

> 2017.11.5　World Tsunami Museum Conference
> （世界津波博物館会議）　石垣市

> 2017.11.14～17　Science Centre World Summit（SCWS）
> （世界科学館サミット）　日本科学未来館

➤ 2018.3.24〜28　Communicating Astronomy with the Public（CAP）

　　（世界天文コミュニケーション会議）　福岡市科学館

➤ 2018.9.25〜28　　World Social Science Forum 2018

　　（世界社会科学フォーラム）　福岡国際会議場

➤ 2018.11.5〜10　　International Aquarium Congress（IAC）

　　（世界水族館会議）アクアマリンふくしま

➤ 2018.11.30　　2nd World Tsunami Museum Conference

　　（第2回世界津波博物館会議）　東京国立博物館

2　二つのプレ会議

　ICOM 京都大会組織委員会では、1. で述べたとおり大会の予行演習を兼ねた事実上のプレ国際会議を2回行った。ICOM 舞鶴ミーティングと ICOM‐ASPAC 九州大会である。

　2018年9月30日に開催した ICOM 舞鶴ミーティングは、前述の通りミラノ大会の前年に開催した ICOM ブレシアミーティングを参考にしたものであった。舞鶴市は、2015年に「舞鶴への生還　1945 − 1956 シベリア抑留等日本人の本国への引き揚げの記録」がユネスコ世界の記憶（Memory of the World）に登録されて以降、積極的に国際発信をしており、多々見良三舞鶴市長自らミラノ大会にも参加し、プレ会議の開催に名乗りを挙げた。組織委員会としても、舞鶴市はミラノ大会におけるブレシアの地理関係同様に、同じ京都府であり、さらに海外に開いている日本海側で、世界の記憶も見学できるとなれば、格好の候補地であった。最終的に京都府及び ICOM 本部の合意も得て、ICOM 舞鶴ミーティングの開催が決定した。

　同ミーティングは、ICOM 京都大会のテーマである「文化を

つなぐミュージアム―伝統を未来へ―」を深掘りし、議論の活性化を図ることを目的とし、世界中の博物館等から事例研究等を募集し、ICOM 会長、事務局長及び各国際委員会の委員長を招へいして開催された。当日は台風 24 号の接近により、国立京都国際会館で開催予定であった文化庁 50 周年記念式典をはじめ多くのイベントが中止になる中、多々見市長の強い意向で実施を決断し、一部予定を変更しつつも、国内外から約 180 人の参加を得て行われた。

　海外からの参加者は、京都市内から当日朝、バスで舞鶴に向かい、舞鶴引揚記念館及び赤れんが博物館を見学した後、舞鶴市商工観光センターに到着し、昼食後に会議を行った。発表者は国内外の学芸員や研究者 11 人が様々な発表を行い、Suay Aksoy ICOM 会長は、「舞鶴ミーティングの開催を実りあるものにし、来年の京都大会につなげたい。」と述べ、佐々木組織委員長も「皆さんの期待にこたえられるよう、ICOM 京都大会が成功するよう全力でがんばりたい」とあいさつした。

　翌日は京都市内に戻り、メイン会場となる国立京都国際会館で、まず会場の視察を行い、その後、ICOM 京都大会の準備状況や全体構成、予算計画、タイムスケジュール等の説明を受け、2 時間にわたって様々な質疑応答や意見交換を行った。ICOM の各委員長らと日本側担当者が情報を共有する絶好の機会となったように思う。

　次に ICOM - ASPAC（アジア太平洋地域連盟）九州大会は、2018年 12 月 1～3 日に九州国立博物館で開催した。ASPAC は、ICOM 傘下のアジア太平洋地域の国内委員会で構成される組織で、1967 年に設立された。同大会のテーマは、「文化財が未来

へつなぐ―自然災害と博物館―（Cultural Heritage for Sustainable Future · Natural Disaster and Museum）」で、11 月 28〜30 日に東京・上野で開催された全国博物館大会に引き続き、Suay Aksoy 会長及び安来順副会長はじめ ICOM 幹部を含む 10 か国・地域から約 120 名が参加した。テーマは、近年アジア太平洋地域で多発している地震や津波等の自然災害による被害が多く、文化財を災害から守ることが博物館にとって大きな課題になっていることと、前年の ASPAC チャバハール大会（イラン）のテーマが「水不足と博物館（Water Shortage and Museum）」であったことから、議論の継続性も考えて決められた。

初日の開会式では、主催者を代表して Ki-dong Bae ASPAC 委員長及び島谷弘幸九州国立博物館長があいさつし、来賓として Aksoy ICOM 会長、地元出身の原田義昭環境大臣、豊城浩行文化庁文化財鑑査官、大曲昭恵福岡県副知事があいさつした。また、福井照衆議院議員が、「世界津波の日」の制定経緯とこれまでの活動、今後の展望についてスピーチした。続いて、第一部で豊城文化財鑑査官及び韓国国立文化財研究所の Jong-Deok Choi 所長からそれぞれ日韓の文化財防災・防犯行政に関する基調講演が行われた。

第二部では、11 月 30 日に東京国立博物館で開催された第二回世界津波博物館会議の成果報告があり、松岡由季 UNISDR 駐日事務所代表、小野裕一東北大学教授、西博義稲むらの火の館名誉館長、Hafnidar アチェ州政府文化・観光局津波博物館長兼歴史部長（インドネシア）、馮正碧 5.12 汶川特大地震記念館（中国）の 5 人の発表に続き、Ricardo Toro Tassara チリ内務公安省国家緊急対策室（ONEMI）長官を交え総合討論が行われた。世界津

波博物館会議は、東京・上野で開催された全国博物館大会の3日目（エクスカーション）に当たり、同大会からの参加者およそ30人を含む17か国・地域から156人が参加した。テーマは、前年が北海道南西沖地震25周年であったことから、「時間軸から見た「津波博物館」の役割〜災害を風化させないため将来の世代にどう伝承すべきか〜」とされ、災害発生前後にユネスコをはじめとする国際機関や「津波博物館」が果たすべき役割や課題を議論するとともに、災害を風化させないために取り組むべき活動について有意義な議論が行われた。この会議を通じて、津波等の災害の記録と記憶の伝承拠点として津波・地震博物館の取組や連携の強化の重要性が再確認されたことは重要な意味を持つと思われる。今後、災害によって被災した文化遺産の修復・保全の重要性や、官民及び国際機関、NGO、メディアなどのマルチステイクホルダー間の連携の必要性の理解が進むことが期待されよう。なお、今回の世界津波博物館会議は、当初世界津波の日（11月5日）にあわせて開催することが予定されていたが、諸処の事情から全国博物館大会にあわせて開催されることとなり、奇しくもASPAC九州大会とテーマが合致していたことから、同会議の登壇者のほぼ全員がASPAC九州大会に参加することにしたものだが、結果的に相乗効果を発揮し、双方ともより充実した会議となったように思われる。

　さて、ASPAC九州大会の二日目は、まずASPAC副委員長の筆者が、ASPACの沿革とICOM京都大会の準備状況を報告し、その後、ICOM-LAC（ラテンアメリカ・カリブ海地域連盟）委員長のSamuel Franco Aece氏によるICOM-DRMC（災害対策委員会）の活動報告が行われた。次いで、バヌアツ、ネパール、ブータンか

らの報告が行われ、益田兼房立命館大学教授による総括が行われた。午後には國立臺灣歴史博物館と国立歴史民俗博物館の共同研究の成果や韓国の自然災害への対応マニュアルの紹介、国立文化財機構が取り組んでいる文化財防災ネットワーク推進事業の取り組みや文化財レスキューについての紹介があり、小泉惠英九州国立博物館学芸部長を議長とする総合討論が行われた。

最後に、「コミュニティに手を差し伸べ、災害リスク軽減のための意識を高め、持続可能な未来を再構築する」旨を述べた「太宰府宣言(Dazaifu Decleration)」が採択され、錢谷眞美日本博物館協会長が閉会挨拶を述べた。三日目は、エクスカーションで宗像大社と芦屋釜の里を見学した。

個人的には、国内委員会を組織していない台湾やブータン、太平洋諸国のバヌアツが参加・発表したことは、ASPAC の活動の広がりを考える上で有意義なことであったと思うが、シンガポール、オーストラリア、ニュージーランドの参加がなかったのが残念であった。

3 ユネスコ勧告と ICOM 日本委員会

2015 年ユネスコ勧告に関しては、筆者は 2015 年 5 月に政府間会議が開催されるという情報とともに初めて耳にしたと記憶している。おそらく、ユネスコ政府代表部を通じて文部科学省や文化庁には情報が届いていたと思われるが、ICOM 日本委員会や日本博物館協会はまったく知らされておらず、当の文部科学省でもこの勧告を重要視していたとは考えにくい。ICOM 日本委員会では、ちょうど ICOM 本部の現地視察や諮問会議でのプレゼン準備で忙しい時期ではあったが、逆に言えば、ICOM

も関わっているユネスコの博物館に関する勧告に、ICOM 大会開催に立候補している日本がまったく貢献していないというのでは、選挙に不利に働くのではないかという懸念もあった。そこで、文部科学省社会教育課に対し政府間会議に日本から専門家を派遣するべきではないかと提案したが、担当官からは積極的な対応は得られず、結局専門家ではないユネスコ政府代表部の書記官が出席するだけに終わり、本勧告に日本はほとんど貢献できなかったと理解している。こうした専門家不在の博物館行政である現状は、日本の博物館全体にとって大きな問題であり、現行博物館法の課題への取組が遅れている要因にもなっているといえよう。ちなみに、勧告に対するレポートについても、筆者が 2018 年 6 月に社会教育課に問い合わせたところ、クエスチョネアだけを送付してくれたが、その後 ICOM 日本委員会にも日本博物館協会にも何の相談も報告もなされていない。レポートの内容も現時点で承知しておらず、残念な状況である。

　ところで、筆者は本書の共著者である林菜央氏とはそれ以前にもユネスコ本部でお会いしたように記憶しているが、残念ながらその後の接点はあまりなかった。政府間会合が終わり、ICOM 京都大会開催も決まった 2015 年 7 月に休暇帰国をされるという情報が入り、この機を捉えて東京国立博物館で関係者による勉強会を開催させてもらい、「ユネスコの博物館関連事業について」というテーマで御講演をお願いした。我々が知らない情報がかなり多く、改めて井の中の蛙であることを認識させられ、もっと早くこうした機会を設けるべきであったと後悔したものである。日本博物館協会では、直ちに林氏監修のも

と、同勧告の日本語訳を作成し、全国博物館長会議で説明したり、日本博物館協会の機関誌『博物館研究』に林氏から寄稿していただいたりして、周知に努めた。

その後、2016年9月に中国・成都で開催された中国博物館大会(MPT EXPO)で、ユネスコ勧告に関する円卓討論が行われ、林菜央氏はテレビを通じてのプレゼンを行い、ICOMにおいてこの勧告が重要な意味を持つことを改めて認識させられた。

また、第4章で林菜央氏が述べているように、2016年11月10～12日に中国・深圳市でユネスコ、中国ユネスコ国内委員会、中国国家文物局及び深圳市人民政府の主催で、50人以上の世界中の博物館長や学識経験者らを招へいして国際会議 UNESCO's High Level Forum on Museums が開催され、日本からは銭谷眞美・東京国立博物館長が出席し、筆者が同行した。会議は、11月9日の準備会合を経て、10日に劉延東・国務院副総理も出席した開会式と基調講演、一つのテーマセッションと歓迎会、11日に三つのテーマセッション、12日にテーマセッション報告と閉会式が行われた。テーマセッションは、それぞれおよそ2時間の2つのセッションが同時進行で行われ、あわせて8つのセッションが開催された。

各セッションとも5～7人のパネリストが登壇し、15分程度のプレゼンの後、質疑応答及び討論を行うという形式で、銭谷館長は、「国立博物館の再生(Revival of National Museums)」のセッションで、「日本における国立博物館の新たな潮流(New Trends of National Museums in Japan)」についてプレゼンを行った。ユネスコの Irina Bokova 事務局長も出席した閉会式では、「深圳宣言(Shenzhen Declaration on Museums and Collections)」が取りまとめられ

た。

ICOM 京都大会の開催を控えた日本としては、今後国内における一層の議論が必要と考え、2017 年 9 月に林氏を招へいし、福岡と東京で ICOM 京都大会組織委員会ほかの主催による「2015 ユネスコ博物館勧告を読み解く」ワークショップを開催した。しかしながら、その後国内で積極的にユネスコ勧告について議論したという話は寡聞にして聞いていない。

4　ICOM 京都大会開催の意義

いよいよ 2019 年 9 月 1 日から ICOM（国際博物館会議）京都大会が開催される。7 月の時点で参加登録者数は 2,500 人を超え、目標としていた 3,000 人を超える見通しである。参加費助成のプログラムを組んでいただいた学会や団体も多く、全参加者の 4 分の 1 以上は日本からの参加となる見込みである。アジアからの参加者も全体の 4 割を超す勢いなので、アジアで開催する意義も参加者数に関する限りは十分果たすことができるであろう。懸案であった協賛金・寄附金等も、およそ 1 億 8,000 万円を集めることができ、文化庁等の補助金を得てイベント行事の充実も図ることができる見込みである。

さて、ここで改めて博物館関係者が ICOM 京都大会に参加すべき理由を述べておきたい。一般論としては、博物館の国際会議が日本で開催され、世界中から博物館の専門家が集まるため、博物館学を学ぶ者にとっては世界中の最新の博物館に関する知識・情報を収集する絶好の機会であることは間違いない。しかも、基調講演や全体会議は日本語の同時通訳が入るため、英語が苦手な方でも心配はいらない。本来は、会議室の外でも

各参加者と様々な意見交換をすることによって、より多くの知見の獲得や文化の多様性を体感することができるのが国際会議の醍醐味だが、この雰囲気を実感するだけでも貴重な経験になることは間違いない。例えが適切ではないかもしれないが、プロ野球選手の多くは高校時代に甲子園大会に出場しており、その感動や経験が将来のキャリア形成につながったり、同じ経験を共有していることで仲間意識や連帯感を醸成することがあるように、将来 ICOM 京都大会に参加したことが、博物館関係者としての一体感を形成する可能性もあるに違いない。

ICOM 京都大会で議論される内容もまた、これからの日本の博物館政策を考える上で重要なテーマであることを忘れてはならない。大会では、メインテーマである「文化をつなぐミュージアム―伝統を未来へ―（Museums as Cultural Hubs: The Future of Tradition）に基づき、以下の 4 つの全体会議（Plenary Session）が設定されている。

9 月 2 日（月）

①持続可能な未来の共創

　　（Curating Sustainable Futures Through Museums）

9 月 3 日（火）

② ICOM 博物館定義の再考

　　（The Museum Definition - The backbone of ICOM）

9 月 4 日（水）

③文化遺産の保存に向けた備えと効果的な対応―被災時の博物館

　　（Be Prepared, Respond Effectively, and Preserve Cultural Heritage;

　　Museums in Times of Disaster）

④世界のアジアアートと博物館

（Asian Art Museums and Collection in the World）

以下、各全体会合の意義と重要性について述べる。

（1）持続可能な未来の共創

「持続可能な開発（Sustainable Development）」の概念は 1980 年代に提案され、1987 年に Brundtland ノルウェー首相が委員長を務めた「環境と開発に関する世界委員会（World Commission on Environment and Development；WCED）」が公表した報告書『地球の未来を守るために（Our Common Future）』で、「将来の世代の欲求を満たしつつ、現在の世代の欲求も満足させるような開発」と記述されて世界的に広まることとなる。1992 年にブラジルのリオデジャネイロで国連環境開発会議（United Nations Conference on Environment and Development；UNCED、いわゆる「地球サミット」）が開催された際にも、この考え方が中心となる成果文書がまとめられた。

さらに、2000 年 9 月の国連ミレニアム宣言などによって、2015 年までに達成すべき 8 つの目標と 21 の達成基準からなるミレニアム開発目標（Millennium Development Goals；MDGs）が策定され、その後継として 2015 年 9 月の国連持続可能な開発サミット（United Nations Sustainable Development Summit）で採択された「持続可能な開発目標（The Sustainable Development Goals；SDGs）」に 17 の目標と 169 の達成基準が盛り込まれたことは、周知のとおりであろう。持続可能な発展については、①地球環境の持続可能性（生態系の維持）、②人類文明の持続可能性（社会システムの維持）、③博物館の持続可能性、など様々な用件が含まれるが、博物館関係者としてこの議論に積極的に参加することは極めて

重要である。

実は、SDGs に関していち早く議論を始めたのは、科学系博物館であった。1996年に発足した世界科学館会議（Science Centre World Conference；SCWC）は、ICOM と同じく3年ごとに開催しており、2014年3月に世界科学館サミット（Science Centre World Summit；SCWS）と名称変更してベルギーのメヘレン市で開催された第1回会議で、よりよい未来をつくるための市民参加を促すために、世界中の科学館とそのパートナーが行動するべき指針「メヘレン宣言（Mechelen Declaration）」を発表した。同宣言では、翌年に発表予定の持続可能開発目標への貢献についても言及しており、まさに科学系博物館と SDGs を結びつける最初の国際文書とあったと言っていい。

ICOM は、2018年9月に持続可能性のワーキンググループ（Working Group on Sustainability）を設置したが、これを立ち上げた理由は、SDGs 及びパリ協定（2015年12月に採択された2020年以降の気候変動問題に関する国際的な枠組）によって提起された持続可能性の課題に博物館関係者としてどのように取り組んでいけるかを、ICOM 全体の問題として捉えていこうと考えたためである。現状認識として、今世界の人口は一年に地球の1.6個分のエネルギーを消費しているが、これでは地球は生き延びることができるはずがない。それゆえ、あらゆるセクターで、あらゆるスケールでこの問題に取り組んでいくことが必要である。博物館は文化遺産、自然遺産の価値に深く関わっており、しかも今まで以上に社会的、経済的、生態的な問題にチャレンジしようとしている。過去の遺産に対する証人として、また未来の世代のために人類の宝を守る砦として、教育や様々な活動を通して貢

献することが可能である。博物館には研究体制があり、ネットワークがあり、一般市民に対する教育普及活動も行っている。まさに「Cultural Hub」であり、博物館こそ SDGs のための取り組みが期待できる場であろう。その際指標になるのが、国連が定めた SDGs のための 17 の目標、169 の達成基準と 3 つの関連倫理拘束、即ち①人類に無くてはならないものを満たす（例えば福祉、平和）、②社会正義を保証する（例えば平等）、③環境の限界をよく理解する（例えば地球や人類文明の生命）である。見方を変えれば、博物館のコレクションは、様々な事を教えてくれる情報源でもあり、博物館関係者はその通訳者であり、教育者であり、まとめ役であり、活動家であり、主張者でもある。そのような観点から「持続可能な未来の共創」というテーマで議論を深めていくこととしており、ぜひこれを契機に日本の博物館でも議論を深めてほしいと期待している。

　全体会議では、2017 年 11 月 14〜17 日に世界科学館サミットを主催し、SDGs の達成に向け科学館が活動を推進していくための行動指針「東京プロトコール（Tokyo Protocol）」をまとめた日本科学未来館の毛利衛館長が登壇する。同日午後には、ワークショップも用意されている。

　なお、メイン会場の国立京都国際会館は、1997 年 12 月に開催された第 3 回気候変動枠組条約締約国会議（Third session of the Conference of the Parties、いわゆる COP3）で京都議定書（Kyoto Protocol）が採択された場所である。まさに持続可能な未来を議論するのにふさわしい場所であろう。

（2） ICOM 博物館定義の再考

世界的には、日本のように博物館法で「博物館」の定義を定めている国は少なく、ICOM 規約で定める「Museum」の定義が国際的なスタンダードとなっている。一方、ユネスコの勧告は、本書で述べてきたように、博物館のコンセプト形成の大きな指針となってきた。こうした中、ICOM は、2017 年 1 月に博物館の定義、見通しと可能性に関する委員会（Committee for Museum Definition, Prospects and Potentials：MDPP）を設置し、各国際委員会や国内委員会でいくつかの共通の議題をもとにラウンドテーブル（円卓会議）を行うよう促し、その結果の集約を行った。筆者も韓国やインドなどでこのラウンドテーブルに参加したが、限られた時間の中で設定された質問に順次答えていく形式のため、議論を深めることはできないものの、公開で行うことにより様々な意見を聴くことができて、有意義であったように思う。MDPP が設定した質問は、以下のとおりである。

- What do you think are the most relevant and important contributions which museums can make to society in the coming decade?（今後 10 年間、博物館が社会にもたらす最適かつ最重要な貢献は何だと思いますか？）

- What do you think are the strongest trends and the most serious challenges faced by your country in the coming decade?（今後 10 年間、あなたの国が直面する最大の傾向（トレンド）と最も深刻な課題は何だと思いますか？）

- What do you think are the strongest trends and the most serious challenges faced by museums in your country in the coming decade?（今後 10 年間、あなたの国の博物館が直面する最大の傾向（トレ

Chaper 7　ICOM 京都大会に向けて

ンド)と最も深刻な課題は何だと思いますか?)

- How do you think museums need to change and adapt our principles, values and working methods over the next decade to meet these challenges and enrich our contributions?(今後 10 年間、博物館は、これらの課題を解決し、貢献を豊かにするために、如何に博物館の原則や価値観、作業方法などを変え、適応させる必要があると思いますか?)

　ICOM 日本委員会でも、2018 年 5 月 23 日に開催された ICOM 日本委員会の年次総会の後にラウンドテーブルを行い、その結果を MDPP に報告している。その後 MDPP は、2018 年 12 月に「提言と報告(The Recommendations and the Report)」を執行役員会に提出し、全会一致で採択された。これを受けて ICOM では 2019 年 5 月 20 日を期限にウェブ上で広く意見を求め、250 以上の意見が集まったという。9 月 3 日の全体会合では、これらを踏まえた新たな博物館の定義案が提示され、午後にはラウンドテーブルも開催される。これらの会議は、博物館学に関する国際的な動向を知る絶好のチャンスであり、世界に対して自分の意見を言う機会でもある。何より、9 月 7 日の臨時総会で ICOM 規約の改正が承認され、博物館の定義が改正されれば、これ以降日本の博物館法のみならず世界中の博物館政策が大きな影響を受けることになり、まさに歴史的な瞬間に立ち会うことができるであろう。

(3)被災時の博物館

　近年、火災、戦争、地震、津波、集中豪雨等、世界中で災害が多発している。ICOM では被災時の博物館に関する常置委

員会として災害対策委員会（Disaster Risk Management Committee：DRMC）が設けられているが、この問題に積極的に取り組む体制ではない。大規模災害発生時に博物館はいかに対応すべきか、災害発生時または事後の対応、災害リスクの回避のためのシステム、ノウハウ、マニュアルの構築が必要であり、災害リスクマネジメントのための人材育成が求められている。近年、日本は阪神淡路大震災、中越地震、東日本大震災、熊本地震等を経験してきたが、1994年に横浜で国連防災世界会議（World Conference on Disaster Risk Reduction：WCDRR）を開催して以降、2005年に神戸で第2回を、2015年には仙台で第3回を、いずれも我が国で開催している。とりわけ第3回国連防災世界会議では、2014年に「文化財防災ネットワーク」を立ち上げた国立文化財機構が中心となって国際専門家会合「文化遺産と災害に強い地域社会」を開催し、同会議の成果文書である「仙台防災枠組2015-2030（Sendai Framework for Disaster Risk Reduction 2015-2030）」に文化財防災の重要性を盛り込むことに成功した。なお、文化財防災ネットワークは、現在博物館、図書館、公文書館、学会等を含む24団体が加盟しており、文化財防災のための体制づくり、調査研究、人材育成と情報の公開・発信等に務めている。

　また、2015年12月の国連総会で11月5日が「世界津波の日（World Tsunami Awareness Day）」に制定されたことを受けて、2017年11月5日に「世界津波博物館会議（World Tsunami Museum Conference）」を石垣市で開催した。2. で述べたとおり、第2回会議も、2018年11月30日に東京国立博物館で開催し、これに続く12月2〜3日には、九州国立博物館で、「文化財を未来

へつなぐ―自然災害と博物館」をテーマに、ICOM-ASPAC 九州大会を開催した。このほか、2005 年から立命館大学においてユネスコ・チェア「文化遺産と危機管理」国際研修を実施している。さらに、ICOM 日本委員会では、日本イコモス国内委員会と連携し、ブルーシールド国内委員会の設立に向けた準備を進めている。アジアではすでに韓国及び太平洋諸国国内委員会を設立しており、我が国も急がなければならない。

　以上述べてきたように、我が国は被災時と博物館に関して様々なレベルで多くの実践を積み重ねており、ICOM の場においても、世界が今後も直面する文化財や博物館の防災に関して指導的役割を果たし、国際的な貢献を行うことが期待されている。全体会議では、第 3 回国連防災世界会議や世界津波博物館会議で中心的な役割を担った東北大学災害科学国際研究所の小野裕一教授が登壇する。

　なお、8 月 31 日には、京都国立博物館において DRMC によるプレ・カンファレンスとしてのワークショップ「You Ready? Introduction to Disaster Risk Management for Museum Professionals workshop」が開催される。DRMC では、防災に関する新たな国際委員会を設立すべく手続きを進めており、早ければ ICOM 京都大会期間中の諮問会議において設立が認められる。前述のとおり、日本が貢献できる分野の一つであり、積極的にボードメンバー等に立候補し、指導的役割を果たすべきであろう。

（4）世界のアジアアートと博物館

　近年、世界中の博物館でアジア美術への理解を深めようとす

る動きが進められており、今や世界中の博物館でアジア美術を見ることができるようになった。アジアの美術品は、漆器、紙や絹等温湿度や光の変化に敏感な脆弱な素材でできており掛け軸のような美術品の扱いや保存の方法が特殊で、その取扱いには深い文化的背景の理解が要求される。しかしながら、アジア美術のコレクションを有する海外の博物館がそうした専門的知識を持ったり、世界の同僚と共有したりする手段は残念ながらまだ確立されていない。

このような問題に対処するため、2011年、日米文化教育交流会議（CULCON）に美術対話委員会（Art Dialogue Committee）が設置された。同委員会では、日米の日本美術専門家の交流や人材育成に関し継続的に議論が行われ、とりわけ米側からは、米国内における日本美術研究者の高齢化が深刻な問題であるとの指摘がなされている。こうした動きの中で、2014年から文化庁の補助金を得て東京国立博物館が「北米・欧州ミュージアム日本専門家連携・交流事業」を実施するようになり、各種会議や実践的な研修が行われている。また、1987年以降、日本と欧米で断続的に開催されていた「日本美術史に関する国際大学院生会議」（JAWS）がしばらく開催されていなかったため、2012年にCULCON主導で10年ぶりに東京藝術大学で第10回大会を開催したことも大きな成果といえる。ただし、美術対話委員会はCULCONに永続的に設置されるものではない。そのため、現在「国際日本美術ネットワーク（International Network for Japanese Art：INJA）」の構築に向けた検討を進めているが、アメリカ博物館協会（AAM）やICOMなどの国際組織の場における議論の必要も提案されたことから、ICOM京都大会組織委員会の提案で、ICOM

京都大会の全体会合として議論することにしたものである。

アジア諸国からの ICOM 会員が増えつつある時に、アジア美術と博物館の意義を考えることは、絶好のタイミングである。全体会合では、アジア美術と博物館がいかにして現地や外国の鑑賞者との結びつきを深めるか、また今後世界中の博物館と足並みをそろえることにより、どのようなメリットが期待できるかについて検討することとしている。そして、近年世界中の博物館でアジア美術への理解を深めようとする動きが進められていることから、アジア美術に関するケーススタディを取り上げ、こうした動きについて考察する。2018 年 7 月から今年の 2 月にかけて、日本政府がフランス政府と共同で開催した「ジャポニスム 2018」に続き、2019 年はアメリカで「Japan 2019」が開催されているが、全体会議では、同事業の一環である「The Life of Animals in Japanese Art（日本美術に見る動物の姿）」展のキュレーターを務めている千葉市美術館長の河合正朝氏が登壇する。

また、基調講演についても、これらを考える上で参考となる世界の文化人を招へいした。すなわち、建築家の隈研吾氏、写真家のセバスチャン・サルガド氏、アーティストの蔡國強氏より、それぞれ建築家、写真家、アーティストの視点から、博物館の専門家が新たなヒントを得られるような講演がなされることを期待している。

9 月 2〜4 日の午後にも全体会議はあり、9 月 2 日は「デコロナイゼーションと返還：より全体論的な視点と関係性アプローチへの移行（Decolonisation and Restitution - Moving towards a more holistic perspective and relational approach）」というテーマのパネルディスカッションがある。返還の問題も含め、脱植民地化に

ついての全体論的視点を養うことを目的に、創造的な問題解決のための手法や、紛争解決に向けた新たなアプローチを提示するための議論を行う予定である。また、9月4日には「マンガ展の可能性と不可能性：英韓日の比較から（Possibilities and Impossibilities of Exhibiting Manga/Comic: A comparison between Manga/comic exhibitions in the UK, South Korea, and Japan）」というテーマのパネルディスカッションがあり、京都国際マンガミュージアムが中心になって、これまで英国、韓国、日本で開催されたマンガ展を比較しながら、「マンガ（原画）を展示する」という考え方を様々な視点から掘り下げる。ICOM がマンガを正面から取り上げるのは初めてのことであり、これも ICOM 大会を日本で開催する意義の一つであろう。同じく4日には「博物館と地域発展（Museum and Local Development）」という ICOM と OECD 共同によるパネルディスカッションもあり、門川大作・京都市長も登壇し、博物館とコミュニティ、地方自治体の関係について様々な角度から検討を行うこととしている。このほかにも ICOM 会員向けには、新会員向けのセッションや、出版・執筆、デジタル・コミュニケーションに関するワークショップ等が用意されている。

　9月2〜4日に開催されるミュージアム・フェアや5日のオフサイト・ミーティング、6日のエクスカーション、さらに夜のソーシャル・イベント等会議以外にも世界中の博物館関係者と交流できる機会が多数用意されている。博物館の国際会議が日本で開催され、世界中から博物館の専門家が集まる ICOM 京都大会は、博物館学を学ぶ者にとっては世界中の最新の博物館に関する知識・情報を収集する絶好の機会であることは間違い

ない。ぜひ一人でも多くの博物館関係者にICOM京都大会に参加していただき、世界の専門家とともに新たな博物館の未来を展望していただくことを期待している。

5 ポストICOM京都大会の課題

　我が国でICOM大会を開催することは、従来欧米を中心に発展してきた博物館学をアジアの視点から改めて見直す機会となるとともに、我が国の博物館学の飛躍的発展につながることが期待される。さらに、2004年のソウル大会及び2010年の上海大会においては必ずしも目的とされていなかったアジアの未だ十分に博物館の整備や専門人材の育成が進んでいない国や地域への支援についても、我が国が従来から積極的に取り組んできた重要なテーマである。アジアの国や地域との連携については、近年、定例的な会議開催以外の場での館長や学芸員交流の促進、公私立博物館も含めた積極的な連携が求められており、ICOM大会の開催を契機に我が国がリーダーシップを発揮して、これらのさらなる発展を図ることが期待される。

　また、ICOM会員の増加もさることながら、前述のとおり、30年以上執行役員を日本から輩出していないことは由々しき問題であろう。国際委員会の委員長すら出していないのが現状だが、今回ICOM京都大会運営委員として御活躍いただいた若手・中堅職員等が、将来その職に就くよう、人材の育成が急務である。中国博物館協会では、ICOMの国際委員会に準じた形で30以上の研究部会を設け、積極的にICOMにも参画しているが、日本博物館協会にはそうした部会すらないのが現状であり、大会後には体制を見直す必要があるだろう。

いわゆる ICOM カード（会員証）の提示による入館無料の措置については、学芸員等博物館の専門職員の地位やプライドの向上にもつながるものであり、海外からの来館者の増加も視野に入れつつ、できるだけ多くの館において導入を図る必要がある。とりわけ国立博物館においては、共催者等も巻き込みながら、特別展・企画展も含め率先して導入するよう検討することが求められる。

ICOM 京都大会では、開閉会式や基調講演、全体会議は ICOM の公用語である英語、フランス語、スペイン語に加え、開催国である日本語の同時通訳もつく。少しでも多くの日本国内からの参加者を増やすために、佐々木組織委員長以下、懸命に資金獲得を行った成果と言っていいが、逆に言えば、同時通訳がなければ、日本からの参加者は少なくなることが確実であったということである。実際、2017 年 11 月に開催した世界科学館サミットでは、日本語の同時通訳がほとんど導入されなかったため、重要なテーマであるにもかかわらず、日本からの参加者が極めて少なかったのである。観光立国を進める政府は博物館の多言語化を推進しているが、真に必要なのは多言語で日本の博物館を紹介・発信し、国際会議等で堂々と発言する専門家であって、インバウンド拡大のための手段にとどまっていては、我が国の博物館の発展はないのではないだろうか。

ICOM 大会招致検討委員会報告書では、「ICOM 大会の開催は、それ自体が目的なのではなく、今後の我が国の博物館の振興や博物館学の発展に向けた第一歩に過ぎない。したがって、一人でも多くの博物館関係者の参加を得ることはもちろん、これを契機に日本国民一人一人が博物館の社会的役割とその重要性に

気付くことのできるような内容を心がけ、博物館法をはじめとする法制度の改善や関連予算の拡充につなげていく必要があるだろう。そして博物館を通じてアジア諸国をはじめ世界に文化発信することにより、我が国の国際的地位の向上とより一層の国際交流の促進が図られるよう努めなければならない。」と述べている。博物館関係者は、今一度、この言葉を確認し、我が国の博物館の発展に向けて尽力する必要があるだろう。

参考文献

ICOM website（https://icom.museum/en/）

ICOM 京都大会 website（https://icom-kyoto-2019.org/jp/index.html）

栗原祐司 2017「米中英の博物館大会とユネスコフォーラム」『博物館研究』52－2

栗原祐司 2019「ICOM-ASPAC 九州大会の意義と課題」『博物館研究』54－2

林　菜央 2016「ミュージアムと収蔵品の保存活用、その多様性と社会における役割に関するユネスコの新しい国際勧告の採択」『博物館研究』51－2

reference data

博物館をあらゆる人に開放する最も有効な方法に関する勧告

1960年12月4日　第11回ユネスコ総会採択

　国際連合教育科学文化機関は、1960年11月14日から12月15日までパリにおいて開催された第11回総会において、

その憲章に規定されている同機関の権能の1つが大衆教育と文化の普及に清新なる刺激を与え、人種・性又は経済的・社会的差別なしに、教育の機会均等の理想を推進せしめるため人々の間に協力を醸成することにより、人々の間に相互理解を増進するための仕事に協力し、且つ知識を保存し、増大させ、さらに普及することであることを考慮し、

　博物館はこの課題の達成に効果的に貢献しうることを考慮し、

　あらゆる種類の博物館は娯楽と知識の根源であることを考慮し、

　さらに、博物館は美術品、学術資料を保存し、且つそれらを公衆に展示することにより、各種文化についての知識を普及し、かくして諸国民間に相互理解を増進することを考慮し、

　その結果、国民のあらゆる階層、特に勤労階級に博物館を利用せしめるよう奨励するため、あらゆる努力が払わるべきであることを考慮し、

　世界の産業構造の進展とともに、人々が従来以上の余暇を持つこと、またかかる余暇が総ての人の利益と文化的向上に利用さるべきであることを考慮し、

　博物館がその恒久的な教育上の使命を遂行し且つ、勤労者の文化的欲求を満足せしめるために斟酌すべき新たな社会的環境とその要請とを認め、

　総会議題17.4.1にすべての人に博物館を利用せしめるための最も有効な方法に関する提案が上程されており、

Refernce data　参考資料

　本提案を加盟各国に対する勧告の方式をもって国際規制の対象とすべきことを第10回総会において決議したので、

　1960年12月4日に、本勧告を採択する。

　総会は、加盟各国が、それぞれの国内で、本勧告に明示されている原則ならびに基準に効果を与えるために必要なあらゆる法的又は他の措置を講じて、下記規定を適用することを勧告する。

　総会は加盟各国が、本勧告を博物館を主管する当局又は、団体ならびに博物館自体に周知せしめるよう勧告する。

　総会は加盟各国が、総会によって決定される時期及び書式によって、加盟各国が本勧告に基づき行なった措置につき総会に報告するよう勧告する。

I　定義

1. 本勧告の趣旨にかんがみ、「博物館」とは、各種方法により、文化価値を有する一群の物品ならびに標本を維持・研究かつ拡充すること、特にこれらを大衆の娯楽と教育のために展示することを目的とし、全般的利益のために管理される恒久施設、即ち、美術的、歴史的、科学的及び工芸的収集、植物園、動物園ならびに水族館を意味するものとする。

II　一般原則

2. 加盟各国は、各自国内の博物館が経済的又は社会的地位に関係なく、すべての人に利用されるようあらゆる適切な措置をとる。

3. このため、適用されるべき措置の選定に当っては、加盟各国内にある種々の形態の博物館管理方式を考慮する。例えば、この措置は、博物館が国有且つ国によって管理されているか、国有ではないが、国から定期的又は随時財政援助を受けているか、あるいは、国が学術的、技術的又は行政的能力内で博物館管理に参加しているかによって異なるであろう。

01 博物館をあらゆる人に開放する最も有効な方法に関する勧告（1960 年勧告）

Ⅲ　博物館における資料の配置と観覧

4. 収集品は、明瞭な展示方法、簡潔な情報を与える説明書や貼札の系統的配置、利用者が必要とする説明が与えられる案内書や折り本の出版、各種階層の参観者に適応した註釈づきの案内人による規則的な観覧の編成によってすべての階層の人々が容易に鑑賞できるようにすべきである。即ち、案内人は適当な資格をもつものであり、本勧告第 16 節に掲げられている団体の機関を通じて任命されたものが望ましい。録音した解説の再生装置の慎重な利用もありうる。

5. 博物館は、各種階層のすべての観覧者の都合、特に勤労者の余暇時間を斟酌して、毎日都合のよい時間に開館さるべきである。

　博物館は、地方環境や習慣に応じて連日休むことなくかつ毎夜勤労時間後も開館されているよう、交替制をとれるだけの十分な数の管理職員を持つべきである。

博物館は照明、暖房等必要な設備を持つべきである。

6. 博物館は容易に利用され、慰安手段を持ってできるだけ魅力的でなければならない。施設の特徴は尊重され、且つ展示物の見学者が、それによって鑑賞を妨げられないことを条件として、休憩所、食堂、喫茶室その他の類似施設が、一般大衆のために、なるべく博物館構内（庭、露台、適当な地階等）又は博物館にごく近接した場所に設けられるべきである。

7. 観覧料はできる限り無料とすべきである。観覧料が常時無料でなく、または、それが名目的なものに過ぎなくとも、小額観覧料を徴収することが必要であると認められる場合には、各博物館の観覧料は、少なくとも 1 週間に 1 日あるいはこれに相当する期間無料とすべきである。

8. 観覧料が課せられる場合、これを証明する公の方法がある国においては、低所得者ならびに大家族構成員に対しては、これを免除すべきである。

Refernce data 参考資料

9. 特定の博物館又は1群の博物館に何回でも入場できるようにする一定期間の予約割引観覧料のような、特別な便宜が常時利用を奨励するために提供される。

10. 可能な場合はいつでも、教育的・文化的計画に参加する学童や成人の団体、博物館職員、及び本勧告第17節に述べられている団体課成員に対しては観覧料は無料とすべきである。

IV　博物館の広報

11. 加盟各国は、地方当局又は自らの文化活動事業部あるいは旅行事業部のいずれかを仲介として、かつ国の教育ならびに国際関係とも関連し、その権限の範囲内で博物館ならびにその展示会の観覧者数の増大を奨励するためあらゆる手段を講ずるべきである。

12. 　a　加盟各国は、全国的又は地域的旅行社に、博物館の観覧者数の増大を図ることを主な目的の1つとするよう勧奨し、この目的に対しその事業活動及び財源の一部を供与するように勧奨するべきである。

　　b　博物館は、上記旅行社の奉仕を正式に活用し、かつ博物館の社会的、文化的影響を伸展せしめるため自ら行なう努力にこれを協力させるよう勧誘さるべきである。

V　地域社会における博物館の地位と役割

13. 博物館は、各地域で知的、文化的中枢として奉仕すべきである。よって、博物館は地域社会の知的、文化的生活に貢献すべく、地域社会はこれに対し博物館の活動と発展に参画する機会が与えられるべきである。このことは特に、その規模と不つり合いなほど重要性を持つ小都会及び村落による博物館に適用さるべきである。

14. 博物館と、職業団体、労働組合、商工業企業の社会事業部のような地域団体との間に緊密な関係を樹立すべきである。

01 博物館をあらゆる人に開放する最も有効な方法に関する勧告（1960 年勧告）

15. 博物館と、ラジオ、テレビジョン放送の機関、企業との間の協力が、最大の安全な注意を払いつつ、博物館展示物を成人及び学校教育のために利用できるよう確立され又は改善さるべきである。

16. 博物館が学校及び成人教育に対してなしうる寄与を認め、かつ促進すべきである。

さらに、博物館の寄与は、地方の教育指導者とその収集物の性質により、学校が特に関心をもつ博物館との間に公的かつ規則的連繋を樹立する任務をもつ適当な機関の設置により組織化される。この協力は下記形態をとることもできる。

a　各博物館が、博物館の教育目的への利用を組織化するために館長監督下に職員として教育専門家をおくこと。

b　博物館が、教員の尽力を求める教育担当の部をおくこと。

c　館長、教員で構成する合同委員会を、博物館を最も有効に教育目的に利用することを保証するため、地方または地域水準で設立すること。

d　教育上の要請と博物館の資源を調整するためのその他の措置をとること。

17. 加盟各国は、特に法制上の便宜を供与することにより、博物館に精神的、物質的支持を与え得る博物館の友好団体又は類似団体の設立及び発展を促進すべきである。これらの団体はその目的を達成するのに必要な権限と特権とを付与されるべきである。

18. 加盟各国は、博物館の各種活動に青少年が参加することを奨励するため博物館クラブの発達を勧奨すべきである。

上記は、パリにおいて開催され、1960 年 12 月 15 日閉会が宣せられた国際連合教育科学文化機関第 11 回総会により正当に採択された勧告の正文である。

reference data

02

ミュージアムとコレクションの保存活用、その多様性と社会における役割に関する勧告

2015年11月17日　第38回ユネスコ総会採択

　総会は、

ミュージアムが、UNESCO憲章に規定されている当機関の根本的な使命のいくつか、すなわち、客観的真理が拘束を受けずに探究され、かつ、思想と知識の自由な交換によって、文化の広い普及、正義・自由・平和のための人類の教育、人類の知的及び道徳的連帯の創出、すべての人のための充分で平等な教育機会などへの貢献等を共有するものであることを考慮し、

UNESCO憲章に述べられているように、当機関の役割の一つは、加盟国の要請によって教育事業の発展のためにその国と協力することや、人種やジェンダーや経済的社会的その他あらゆる差異に関わらず教育の機会均等の理想を進めるために諸国間の協力関係をつくることなどによって、市民教育と文化の普及のため新しい刺激を与えることであり、また、知識を維持し増進し、かつ、普及することであることも併せて考慮し、

時間と場所によって多様な形態をとる文化の重要性と、その多様性から人々や社会が享受する利益、そして、地域社会や国民や国家の利益のために、文化をその多様性とともに、各国および国際的な開発政策の中へと組み込んでいく必要性とを認識し、

動産または不動産の有形無形の文化遺産と自然遺産を保存し研究し伝達することは、あらゆる社会にとって、また文化間の対話、社会的団結、そして、持続可能な発展にとって、きわめて重要であるこ

とを確認し、

第11回 UNESCO 総会（パリ、1960年12月14日）で採択された1960年の「博物館をあらゆる人に開放する最も有効な方法に関する勧告」のなかで述べられているように、ミュージアムはこれらの課題の達成に効果的に貢献しうることをここに再確認し、

ミュージアムとコレクションが、「世界人権宣言」の第27条や、「社会的、経済的および文化的権利に関する国際規約」の第13条と第15条にあるように、人権の向上に貢献するものであることをさらに確認し、

ミュージアムが遺産の保管を担うという本質的な価値を有するのみならず、創造力を刺激し、創造産業や文化産業、楽しみのために機会を提供し、世界中の市民の物質的・精神的福祉に貢献するという、ますます大きくなる役割を担っていることも考慮し、

加盟各国には、いかなる状況下においても、司法権が及ぶ地域内の、動産または不動産の有形無形の文化遺産と自然遺産を保護し、そのためにミュージアムの活動とコレクションの役割を支援するという責任があることを考慮し、

ミュージアムとコレクションの役割に関する、UNESCO その他によって採択された条約や勧告や宣言を含む国際的な基準文書が存在しているが、それらはすべて有効であることに留意し[i]、

1960年の「博物館をあらゆる人に開放する最も有効な方法に関する勧告」採択以来、社会経済的にも政治的にも大きな変化が、ミュージアムの役割と多様性に影響を及ぼしていることを考慮し、

有形無形の文化遺産や自然遺産のためのミュージアムとコレクションの役割、及び、その他の役割や責任に言及した既存の基準や原則によって規定されている保護が、さらに強化されることを強く望み、「ミュージアムとコレクションの保存活用、その多様性と社会にお

Refernce data 参考資料

ける役割に関する勧告」に関する諸提案を考慮に入れ、UNESCO の勧告は、様々な利害関係者に向けて原則や政策指針を提示する、法的拘束力を持たない文書であることを想起したうえで、

本勧告を 2015 年 11 月 17 日に採択する。

総会は、加盟各国が、その司法権の及ぶ地域内において、本勧告において示された原則や規範を執行するために必要な法的その他のあらゆる措置を講じることによって、以下の条項を適用することを推奨する。

イントロダクション

1．文化及び自然の多様性の保護と振興は、21 世紀における主要な課題である。この観点から、ミュージアムとコレクションは、自然と人類の文化の有形無形の証拠を安全に守るための、最も重要な機関である。

2．ミュージアムはまた、文化の伝達や、文化間の対話、学習、討議、研修の場として、教育(フォーマル、インフォーマル、及び生涯学習)や社会的団結、持続可能な発展のためにも重要な役割を担う。ミュージアムは、文化と自然の遺産の価値と、すべての市民がそれらを保護し継承する責任があるという市民意識を高めるための大きな潜在力を保持する。ミュージアムは経済的な発展、とりわけ文化産業や創造産業、また観光を通じた発展をも支援する。

3．この勧告は加盟各国に、ミュージアムとコレクションの保護と振興の重要性を喚起し、遺産の保存と保護、文化の多様性の保護と振興、科学的知識の伝達、教育政策、生涯学習と社会の団結、また創造産業や観光経済を通して、ミュージアムとコレクションが持続可能な発展のパートナーであることを確認する。

Ⅰ．ミュージアムの定義と多様性

4．当勧告において、ミュージアムという語は、「社会とその発展に奉仕する非営利の恒久的な施設で、公衆に開かれており、教育と研究と娯楽を目的として人類と環境に関する有形無形の遺産を収集し、保存し、調査し、伝達し、展示するもの」[ii]と定義される。したがって、ミュージアムは人類の自然的・文化的な多様性を表象することを目的とし、遺産の保護や保存そして伝達においてきわめて重要な役割を果たす機関である。

5．当勧告において、コレクションという語は「有形及び無形の、過去と現在における自然財や文化財の集合体」[iii]と定義される。加盟各国は、当勧告の目的にかなうよう、自国の法的枠組みの観点から、コレクションという語によって理解されるものの範疇を定めるべきである。

6．当勧告において、遺産という語は、有形または無形の価値あるものの全体として、また所有権に関わらず現世代が保護し称揚して次世代へ継承するに値するものとして、人々が選択し特定した、人々のアイデンティティや信条、知識と伝統、生活環境を反映し表現するものとして定義される[iv]。この遺産という語はまた、UNESCO の文化諸条約に含まれる、文化遺産や自然遺産、有形や無形の文化財や文化的資料についての定義を踏まえたものである。

Ⅱ．ミュージアムの主要機能

保存

7．遺産の保護は、資料の取得や収蔵品管理に関する活動によって構成され、リスク分析と危機管理や緊急対策の開発を含む。これはコレクションの安全性の確保や、予防的保存や補修保存、修復などを含み、コレクションが活用時も収蔵時も完全な状態で保た

Refernce data 　参考資料

れるように保証するものである。

8．ミュージアムにおける収蔵品管理の主要な構成要素は、専門的な収蔵品目録作成・維持と定期的な収蔵品点検である。収蔵品目録は、ミュージアムを保護し、不法取引を防止及びそれと闘い、社会的な役割を果たす援助をする、不可欠な手段である。収蔵品目録はまた、コレクションの移動の確実な管理を容易にするものである。

調 査

9．収蔵品の研究を含む調査は、ミュージアムのもう一つの主要機能である。ミュージアムによる調査は、他者と連携して行われてもよい。こうした調査から得られた知識を通してのみ、ミュージアムの潜在能力が充分に認識され、公衆に提供されることが可能になる。収蔵品を解釈し表象し提供する機会だけでなく、現代的文脈から歴史を省察する機会を提供するという意味で、調査は、ミュージアムにとってきわめて重要である。

コミュニケーション

10．コミュニケーションもミュージアムの主要な機能の一つである。加盟各国は、ミュージアムが特定の分野における専門性を活かして積極的に、収蔵品や記念物や遺跡についての知識を解説し普及することや、必要に応じて展覧会を企画することを奨励すべきである。加えて、ミュージアムは、社会において積極的な役割を演じるためにあらゆるコミュニケーションの手段を活用すること、たとえば、一般市民向けのイベントの企画、関連する文化活動への参画、物理的またデジタルな形式の両方を用いて市民と相互交流することなどを、奨励されるべきである。

11．コミュニケーション政策では、社会的統合、アクセス、社会的包摂が考慮されるべきであり、通常はミュージアムを利用するこ

とがない集団を含め、一般市民と連携して実行されるべきである。ミュージアムの活動は、それに賛同する一般市民や地域社会の行動によって、強化されるべきである。

教 育

12. 教育は、ミュージアムの主要機能の一つである。ミュージアムは、他の教育機関、とりわけ学校と連携し、知識、教育的・教育学的なプログラムを開発し伝達することを通して、フォーマル教育やノンフォーマル教育、生涯学習に携わる。ミュージアムにおける教育プログラムは、第一に、ミュージアムの収蔵品や市民生活に関することを主題として多様な観衆を教育することや、遺産を保護することの重要性についての認識をより高めること、創造性を育むことに貢献する。ミュージアムはまた、関連する社会的トピックの理解に役立つような知識と経験を提供することができる。

Ⅲ. 社会におけるミュージアムにとっての課題

グローバル化

13. グローバル化はコレクションや専門家、来館者、思想の流動性をもたらし、アクセシビリティの増加と世界の均質化の進行に見られるようにミュージアムにプラスとマイナスの影響を与えている。加盟各国は、グローバル化した世界のなかでのミュージアムの役割を縮小させることなく、ミュージアムやコレクションを特徴づけている多様性や独自性を保護する措置を促進すべきである。

経済およびクオリティ・オブ・ライフとミュージアムの関係

14. 加盟各国は、ミュージアムが社会において経済的な役割を演じうることや、収入を生む活動に貢献しうることを認識すべきである。加えて、ミュージアムは、観光経済に関係して、所在地周辺

Refernce data 参考資料

の地域社会や地方のクオリティ・オブ・ライフに貢献するような生産的な事業を行っている。より一般的には、ミュージアムはさらに、社会的弱者の社会的包摂を増進することもできる。

15. 収入源を多様化し、持続性を高めることを目的として、多くのミュージアムは、自ら進んで、あるいは必要に迫られて、収入を生み出す活動を増やしてきている。加盟各国は、ミュージアムの主要機能を損ねてまで、収入の創出に高い優先度を与えるべきではない。加盟各国は、ミュージアムの主要機能は、社会にとって何よりも重要なものであり、単なる財政的価値には換算しえないことを認識すべきである。

社会的な役割

16. 加盟各国は、1972年のサンティアゴ・デ・チレ宣言で強調された、ミュージアムの社会的役割を支援するよう奨励される。ミュージアムは、あらゆる国でますます、社会において鍵となる役割を担うものとして、また、社会的統合と団結のための要素と認識されている。この意味においてミュージアムは、不平等の拡大や社会的絆の崩壊につながるような大きな変革に直面する際に共同体を支援することができる。

17. ミュージアムは社会全体に語りかけるゆえに社会的な繋がりと団結を築き、市民意識の形成また集団的アイデンティティを考える上で、重要な役割を持つ重要な公共空間である。ミュージアムは、恵まれない立場のグループを含め、すべてに開かれた、あらゆる人々の身体的・文化的アクセスを保証する場であるべきである。ミュージアムは、歴史的、社会的、文化的、科学的な課題を省察し討議する場になりうる。ミュージアムはまた、人権とジェンダーの平等への敬意を育むべきである。加盟各国は、ミュージアムがこれらすべての役割を果たすよう、奨励すべきである。

18. たとえば、先住民族の文化遺産がミュージアムの収蔵品のなかの代表的なコレクションになっている場合、加盟各国は、当該ミュージアムと先住民族との間でそれらのコレクションの管理に関する対話と建設的な関係の構築を奨励・促進し、適用可能な法律や政策に従ってしかるべき返却や返還が行われるよう、適切な方策を講じるべきである。

ミュージアムと情報通信技術(ICTs)

19. 情報通信技術(ICTs)の発達によってもたらされた変化は、遺産とそれに関する知識の保存や研究、創出、伝達といった観点から、ミュージアムに様々な機会を与えている。加盟各国は、ミュージアムが知識を共有し普及することを支援すべきであり、また、ミュージアムの主要機能を向上させる上で情報通信技術が必要と判断された場合には、それらにアクセスするための手段をミュージアムが確実に持ちうるようにすべきである。

IV. 政 策

基本政策

20. 文化遺産や自然遺産に関する既存の国際的法的文書は、遺産の保護や振興、一般市民にとっての遺産へのあらゆるアクセシビリティという点で、ミュージアムの重要性とその社会的役割を認めている。これに鑑み、加盟各国は、その司法権と管理が及ぶ領域内のミュージアムとコレクションが、これらの法的文書が与える保護や振興のための手段の恩恵を受けられるよう、適切な方策を講じるべきである。加盟各国はまた、あらゆる状況においてミュージアムの保護能力を強化するために、適切な方策を講じるべきである。

21. 加盟各国は、国際的法的文書に示されたしかるべき原則をミュ

ージアムが確実に実行できるよう保証すべきである。ミュージアムは、有形無形の文化遺産や自然遺産の保護と振興のための国際法的文書による諸原則を遵守するよう努めなければならない。加盟各国はまた、文化財の不法取引との闘いのための国際文書による諸原則を遵守し、この件に関する対策に組織的に取り組むべきである。ミュージアムはまた、専門家たちによって確立された倫理的・専門的諸基準を考慮に入れなければならない。加盟各国は、その司法権が及ぶ地域内において、社会におけるミュージアムの役割が、法的・専門的な基準にのっとって遂行されるようにすべきである。

22. 加盟各国は、その司法権と管理が及ぶ地域内のミュージアムの保護と振興が、その主要機能に即して保証されるような政策を採択し、適切な手段を講じるべきである。そして、この観点から、ミュージアムが適切に機能するために必要な人的・物的資源や財源を開発するべきである。

23. ミュージアム及びそれが管理する遺産の多様性は、それらの最も重要な価値を構成する。加盟各国は、ミュージアムが国内外のミュージアム団体によって定義され促進されている高度な規準を利用することを奨励する一方で、この多様性を保護し振興することが要求されている。

機能に関する政策

24. 加盟各国には、ミュージアムが遺産を保護し次世代に継承しうるよう、各地域の社会的・文化的な背景に適応した保存や調査、教育、コミュニケーションについての積極的な政策を支援することが求められる。この観点からは、ミュージアムと地域共同体、市民社会、一般市民の間における協働や参画に向けた努力が、強く推奨されるべきである。

02　ミュージアムとコレクションの保存活用、その多様性と社会における役割に関する勧告（2015年勧告）

25.　加盟各国は、国際基準に基づく収蔵品目録の作成が、その司法権が及ぶ地域内のミュージアムにとっての優先事項となるよう、適切な対策を講じるべきである。コレクションの電子化はこの点できわめて重要であるが、電子化が、コレクションの保全に取って代わるものと見なされることがあってはならない。

26.　ミュージアムの機能、保護振興とその多様性及びその社会における役割に関する優良事例は、各国のミュージアムのネットワークや国際的なネットワークによって、認識されてきた。これらの優良事例は、ミュージアム界の新機軸を反映して、継続的に更新されている。この観点において、国際博物館会議（ICOM）によって採択されたミュージアムのための職業倫理規程は、最も広く共有されるべき典拠の一つである。加盟各国においては、職業その他の倫理規程や優良事例の採択・普及を促進することと、それらを利用して、ミュージアムの基準や政策や国内法の発展に資することが奨励される。

27.　加盟各国は、必要な専門性を有した相応しい職員が、その司法権が及ぶ地域内のミュージアムによって雇用されることを促進するよう、適切な対策を講じるべきである。有効な労働力を維持するために、ミュージアムの全職員に対して継続的教育や専門性向上の機会が充分に用意されるべきである。

28.　公的及び私的な基金提供と、適切な協力関係はミュージアムの実際的機能に直接影響を及ぼす。加盟各国は、ミュージアムが、明確な見通しと、適切な計画及び資金を持ち、各種の財源の調和的なバランスのもとに、その主要機能への充分な敬意をもって、社会に利するという自らの使命を遂行できるよう、必ず努力すべきである。

29.　ミュージアムの機能はまた、新しい技術と、日常生活において

Refernce data 参考資料

増大するそれらの役割によっても影響を受ける。これらの技術は、ミュージアムを世界中に普及促進するうえで絶大な可能性を有しているが、他方で、それらにアクセスできず、それらを使いこなす知識や技術を持たない人々やミュージアムにとっては、潜在的な障壁となりうる。加盟各国は、司法権と管理が及ぶ地域内のミュージアムに、これらの技術へのアクセスを提供するよう努力すべきである。

30. ミュージアムの社会的役割は、遺産の保護と並んで、その基盤となる目的を構成する。1960年の「博物館をあらゆる人に開放する最も有効な方法に関する勧告」の精神は、社会の中にミュージアムのための場所を創出し続けているという点で、依然として重要である。加盟各国は、司法権が及ぶ地域内に設置されているミュージアムに関する法律に、これらの原則を盛り込むよう努力すべきである。

31. ミュージアム界と文化・遺産・教育のための諸機関との協働は、ミュージアムとそれらの多様性や社会における役割を保護し振興するうえで、最も効果的かつ持続可能な方法の一つである。加盟各国はしたがって、ミュージアムと文化や科学施設との協働や協力関係をあらゆるレベルで促進すべきである。これには、そうした協働を育み、国際的な展示や交流、コレクションの移動を促すような、専門家のネットワークや協会への参加も含まれる。

32. 5．で定義されるコレクションが、ミュージアム以外の施設で保管されている場合、これらもまた、当該国における遺産の文化的多様性を、全体的に保全し、かつ、よりよく表すために、保護され振興されなければならない。加盟各国には、協働して、これらのコレクションの保護や調査、普及、並びに、利用促進を行うことが求められる。

02 ミュージアムとコレクションの保存活用、その多様性と社会における役割に関する勧告（2015年勧告）

33. 加盟各国は、司法権が及ぶ地域内のミュージアムにおいて本勧告の発展・執行を可能とするような公的計画や政策を立案するために、適切な法的・技術的・財政的な対策を講じるべきである。

34. ミュージアムの活動と事業の向上に資するために、加盟各国においては、利用者拡大のための包括的な方針の確立を支援することが奨励される。

35. 加盟各国は、これらの勧告をよりよく実施すること、とりわけ開発途上国のミュージアム及びコレクションへの利益となることを目的として、二国間又はユネスコを含む多国間の協議を通じて、能力開発と専門家養成における国際的な協働を促進すべきである。

---

i 以下は、ミュージアムとコレクションに直接的または間接的に関係する国際的な法的文書のリストである。

The Convention for the Protection of Cultural Property in the Event of Armed Conflict（1954）, and its two Protocols（1954 asnd 1999）;

The Convention on the Means of Prohibiting and Preventing the Illicit Import, Export and Transfer of Ownership of Cultural Property 1970;

The Convention Concerning the Protection of the World Cultural and Natural Heritage（1972）;

The Convention on Biological Diversity（1992）;

The UNIDROIT Convention on Stolen or Illegally Exported Cultural Objects（1995）;

The Convention on the Protection of the Underwater Cultural Heritage（2001）;

The Convention for the Safeguarding of Intangible Cultural Heritage（2003）;

The Convention on the Protection and Promotion of the Diversity of Cultural Expressions（2005）;

The International Covenant on Economic, Social and Cultural Rights（1966）;

Refernce data　参考資料

The Recommendation on International Principles Applicable to Archaeological Excavations（UNESCO, 1956）；

The Recommendation concerning the Most Effective Means of Rendering Museums Accessible to Everyone（UNESCO, 1960）；

The Recommendation on the Means of Prohibiting and Preventing the Illicit Export, Import and Transfer of Ownership of Cultural Property（UNESCO, 1964）；

The Recommendation concerning the Protection, at National Level, of the Cultural and Natural Heritage（UNESCO, 1972）；

The Recommendation concerning the International Exchange of Cultural Property（UNESCO, 1976）；

The Recommendation for the Protection of Movable Cultural Property（UNESCO, 1978）；

The Recommendation on the Safeguarding of Traditional Culture and Folklore（UNESCO, 1989）；

The Universal Declaration of Human Rights（1949）；

The UNESCO Declaration of Principles of International Cultural Cooperation（1966）；

The UNESCO Universal Declaration on Cultural Diversity 2001;

The UNESCO Declaration concerning the Intentional Destruction of Cultural Heritage（2003）；

The United Nations Declaration on the Rights of Indigenous Peoples（2007）

ⅱ　この定義は、国際博物館会議（ICOM）から提供されたものであり、ミュージアムという事象のあらゆる多様性と時間や空間による変化を国際的なレベルで包摂したものである。この定義はミュージアムを、公的な、または私的であっても非営利の、機関または施設としている。

ⅲ　この定義は、国際博物館会議（ICOM）が提供する定義を部分的に反映している。

ⅳ　この定義は Council of Europe Framework Convention on the Value of Cultural Heritage for Society が提供するものを部分的に反映している。

ICOM 日本委員会訳

監修：林　菜央　協力：福野明子、五月女賢司、宮原愛佳

reference data
03

「アジアおよび太平洋地域博物館セミナー」
最終勧告

1960年9月4日から30日まで東京で開催された
「アジアおよび太平洋地域博物館セミナー」で採択された。

概論

1. 博物館[1]は、地域社会の文化センターとしての機能を果す機関と考えるべきであり、その収集、保存、研究ならびに教育活動は同様な重要性をもつものである。

2. 博物館は、国の文化生活で独自の役割を果すものだから、その設立・地位・目的ならびに活動を、国の文化的福祉に役立つものとして、政府が全面的に承認する価値がある。

3. 現存の博物館を維持し、あるいは博物館を新設する場合には、地域社会は博物館に明確且つ確固とした地位をあたえる必要がある。博物館に博物館事業の伝統と義務に則って活動できるように充分の自治を持たせなければならない。

4. 地方ならびに専門博物館は、地域社会の教育・文化センターとして重要な機能を果すことができる。すでに中心に位置する博物館を持つ国をはじめ、各国がこの種博物館を設置することが望ましい。

5. 博物館は、外国旅行者に対し説明ならびに解釈のサービスを提供して、国民の相互理解を助長するための重要且つ益々増大する役割を持っている。

6. 博物館は、デザインの水準の向上のため、産業に、その有する資料を利用させるようにしなければならない。

Refernce data **参考資料**

7. 全国的および地方的博物館協会がない地域には、その設立を奨励すべきである。

8. 博物館は、芸術家に外国の芸術の実状、発達を知らせるとともに、地域社会の生活芸術(絵画、彫刻、建築、筆写芸術、工芸、音楽、演劇、舞踊、映画等)をできるだけ奨励すべきである。

9. 自然、民俗、科学技術博物館は、現代生活と密接に関係のある諸原則を地域社会に知らせるために多大の貢けんをするものであるから、現今の教育組織のなかで重要な役割を果すものである。これら三種の博物館はいずれも将来のために過去および現在を保存するためかくべからざる機能を有する。

10. 教育および科学の向上のため、博物館の資料の交換を容易にすることが望ましい。

11. 動物園での生きた動物の研究に教育的に極めて価値がある。だから、アジア地域諸国間に生きた動物の交換がさかんになることが望ましい。ただし、この交換は適正な規則によって実施しなければならない。

12. 技術研究室の設置、技術研究員の養成および保存、修理の諸問題の継続的研究、特に熱帯ないし熱帯的条件に関する研究を奨励すべきである。この場合ローマ・センターの目的と施設をはじめユネスコならびにイコムが実施する関連の諸活動に留意すること。

勧告

収集について

1. 世界を通じ、自然環境が急速に破壊されつつあるから、収集が保存と相反しない限り自然資料の収集を急務とするよう勧告する。また伝統的文化が現代生活のため急速に変形しつつあるから、民俗的、生産技術的資料を収集することも急務である。

03　「アジアおよび太平洋地域博物館セミナー」最終勧告

保存について

2. 文化的に重要な現存の前歴史的ならびに歴史的遺跡、遺物を保存するよう直ちに手段を講ずることは極めて緊急を要する。だから、文化財保護のための政府計画のない国では、この種計画を実施し、全国的な博物館組織と密接に協力しつつ、運営することを勧告する。さらに、幹線道路、ダム建設その他の土木工事のような大規模な事業が行われる国では、自然および文化の遺産（滅亡のおそれある植物や動物、あるいは文化財などを含む）の保存措置に充分注意を払うよう勧告する。

教育について

3. 教育制度と博物館との調整をはかること。また地域における成人教育計画の発達をうながすよう勧告する。

考古について

4. 考古活動が重要且つ緊急なことに意見が一致したことに鑑み、ユネスコが国際的勧告のなかで提議した原則に合致する法律を制定するよう勧告する。

出版物について

5. 学術的出版物の自由な国際交換に障害があってはならない。この地域のすべての加盟国は、教育的、科学的、文化的資料の自由な交換に関する協定に加入するよう勧告する。

6. 博物館便覧のない、または古いものしかない国では、これを作成するよう勧告する。作成する場合、ユネスコの回章 CL/504（1952年発）の概要を参照されたい。

7. 博物館相互の世界的協力を一層充実するため博物館の重要な出版物はすべてパリのユネスコ・イコム・ドキュメンテーション・センターに送付するよう勧告する。

221

Refernce data **参考資料**

職員

8. 博物館が地域社会で充分な役割を果すためには充分の資格を有する科学および教育関係職員を雇用することが是非必要である。各国で資格を有する職員をそれぞれ雇用するようまた研修を受けた職員がいない国では、国際機関の援助を求めるよう勧告する。展観・保存・修理を担当する職員が、同じ事情の国々で研修を受けることも望ましい。

ユネスコに対して

9. (イ)ユネスコは熱帯気候下にある博物館史料の保存に関する手引書の必要に注目するよう勧告する。この種手引書は、太平洋学術会議と協力して作成することができよう。

(ロ)博物館のすべての分野における発達を助長するため、さらに多くのフェローーシップを提供することを考慮するよう勧告する。

(ハ)ユネスコは、アジア太平洋地域で博物館職員の研修のため先駆的事業(パイロット・プロジェクト)の実施を考慮するよう勧告する。

イコムにたいして

10. (イ)イコム国内委員会がまだない国に対して、国内委員会を、あらゆる種類の博物館を考慮に入れ、且つ全国的な博物館ならびにユネスコ国内委員会と緊密に協力するため、イコム国内委員会を設立するよう勧告する。イコム国内委員会、在パリイコム本部およびさきに設立を勧告(概論の7. 参照)した地域的博物館協会相互にも同様の協力が行われなければならない。

(ロ)イコムは、その国際委員中に、アジア太平洋地域の博物館から募集した多数の専門家を加えるよう勧告する。

(ハ)イコムは、近い将来に民俗学ならびに考古学上の資料の収集

に必要な実際的なデータを示す簡潔な手引書を作成するよう勧告する。

太平洋学術会議に対して

11.（イ）1961 年ハワイのホノルルで開催される太平洋学術会議で、できれば、この勧告とその関連事項に特別の注意を払い、その主旨を検討し、徹底し且つ適当箇所に布えし、また

（ロ）次の各条に特別の注意を払うよう希望する。

（1）この地域全部にわたる地域博物館連盟ならびに適当とおもわれる場合にはさらに小地域にわたる連盟を設置すること。

（2）小地域会議やその他の直接の連絡方法を含み、博物館相互間の情報交換を促進すること。

（3）博物館のない国にその設立を援助すること。

（4）この地域で特に関心の強い事項についての手引書を作成すること。

（5）および、ユネスコならびにイコムと密接な連絡を維持すること。

註
 1 ここでは、「ミュージアム＝博物館」という言葉を広い意味に使い、「アート・ギャラリー」と「ミュージアム」を区別している国の「アート・ギャラリー」と「アート・ギャラリー」が一般に言う意味の「ミュージアム」の機能を果している国の「アート・ギャラリー」のような機関を含む。

reference data

04

ユネスコ・ICOM と
日本の博物館についての略年表

年	UNESCO・ICOMを中心とした国際動向	関連する国内の動向
1948	【ICOM】第1回 ICOM パリ大会 ICOM 規約の制定	
1949	「ジュネーブ条約」採択	
1950	【国際連合総会】「世界人権宣言」採択 【ICOM】第2回 ICOM ロンドン大会	中井猛之進・国立科学博物館長、第2回 ICOM 大会に参加
1951		日本国政府、第6回総会にて UNESCO に加入 ICOM 日本委員会設立・博物館法制定
1952	【UNESCO】「万国著作権条約」採択	ICOM 日本委員会、ICOM に加入
1953	【ICOM】第3回 ICOM ジェノバ、ミラノ・ペルガモ大会	ICOM 日本委員会、第3回 ICOM 大会に参加 浅野長武・東京国立博物館長、ICOM 執行役員に就任（～ 1956）
1954	【UNESCO】「武力紛争の際の文化財の保護のための条約」（ハーグ条約）採択	
1956	【UNESCO】「考古学上の発掘に適用される国際的原則に関する勧告」採択 【UNESCO】「博物館の国際キャンペーン」実施 【ICOM】第4回 ICOM バーゼル、チューリッヒ、ジュネーブ大会	
1957		UNESCO 発行の機関誌 Museum で日本の博物館を特集 棚橋源太郎、ICOM 名誉会員となる
1959	【ICOM】第5回 ICOM ストックホルム大会	
1960	【UNESCO】「博物館をあらゆる人に開放する最も有効な方法に関する勧告」採択 【UNESCO】エジプト・ヌビアの遺跡を救済する国際キャンペーンを開始	アジア太平洋地域博物館セミナー （セミナー勧告採択）
1962	【UNESCO】「風光の美と特性の保護に関する勧告」採択 【ICOM】第6回 ICOM ハーグ大会	浅野長武・東京国立博物館長、ICOM執行役員に再就任（～1969）
1964	【UNESCO】「文化財の不法な輸出、輸入及び所有権譲渡の禁止及び防止の手段に関する勧告」採択	東京オリンピック・パラリンピック競技大会
1965	【ICOM】第7回 ICOM ニューヨーク大会	
1966	【UNESCO】「国際的文化協力についての原則についての宣言」採択	
1968	【UNESCO】「公的又は私的の工事によって危険にさらされる文化財の保存に関する勧告」採択 【ICOM】第8回 ICOM ケルン、ミュンヘン大会	

❹ユネスコ・ICOM と日本の博物館についての略年表

年	UNESCO・ICOMを中心とした国際動向	関連する国内の動向
1970	【UNESCO】「文化財の不法な輸入、輸出及び所有権譲渡の禁止及び防止の手段に関する条約」採択	大阪万博
1971	【ICOM】第9回ICOMパリ大会	国際動物園長連盟(IUDZG)総会(東京、犬山)
1972	【UNESCO】「世界の文化遺産及び自然遺産の保護に関する条約」(世界遺産条約)採択 【ICOM】「サンティアゴ・デ・チレ宣言」採択	福田繁・国立科学博物館長、ICOM 執行役員に就任(〜1974)
1973		アジア地域博物館の近代化に関する会議
1974	【ICOM】第10回ICOMコペンハーゲン大会	
1976	【UNESCO】「大衆の文化生活への参加及び寄与を促進する勧告」「文化財の国際交換に関する勧告」採択	アジア地域博物館の近代化に関するセミナー
1977	【ICOM】第11回ICOMモスクワ大会 「国際博物館の日」(5月18日制定)	
1978	【UNESCO】「可動文化財の保護のための勧告」採択	
1980	【UNESCO】「芸術家の地位に関する勧告」「動的映像の保護及び保存に関する勧告」採択 【ICOM】第12回ICOMメキシコシティ大会	アジア地域博物館職員訓練会議
1981		福田繁・国立科学博物館長、ICOM 執行役員に再就任(〜1983)
1983	【ICOM】第13回ICOMロンドン大会	アジア太平洋地域博物館中堅職員研修セミナー
1986	「文学的及び美術的著作物の保護に関するベルヌ条約」採択 【ICOM】第14回ICOMブエノスアイレス大会 ICOM職業倫理規程の制定	鶴田総一郎・国立科学博物館事業部長、ICOM の執行役員に就任(〜1989) 犬丸直・東京国立近代美術館長、アジア太平洋地域委員会(Regional Agency in Asia and Pacific、ASPAC の前身)の委員長に就任(〜1989) 国際図書館連盟(IFLA)東京大会
1989	【UNESCO】「伝統的文化及び民間伝承の保護に関する勧告」採択 【ICOM】第15回ICOMハーグ大会	
1991		CIMCIM (楽器の博物館とコレクション国際委員会)年次大会(東京ほか)
1992	「生物多様性に関する条約」採択 【ICOM】第16回ICOMケベック大会	
1994		COSTUME (衣装の博物館とコレクション国際委員会)、CIMAM (現代美術国際委員会)年次大会(京都、東京)
1995	「盗取され又は不法に輸出された文化財に関する条約」(UNIDROIT 条約)採択 【ICOM】第17回ICOMスタヴァンゲル大会	郡司すみ・国立音楽大学教授、CIMCIM 委員長に就任(〜1998)
1996	【WIPO】「著作権に関する世界知的所有権機関条約」採択	世界水族館会議(東京)
1998	【ICOM】第18回ICOMメルボルン大会 「国際刑事裁判所ローマ規程」採択	世界動物園機構(WZO)名古屋大会

225

Refernce data　参考資料

年	UNESCO・ICOMを中心とした国際動向	関連する国内の動向
1999		松浦晃一郎、UNESCO事務局長に就任
2000		MPR（マーケティング・交流国際委員会）年次大会（千葉）
2001	【ICOM】第19回ICOMバルセロナ大会 【UNESCO】「水中文化遺産保護に関する条約」「文化的多様性に関する世界宣言」採択	
2003	【UNESCO】「無形文化遺産の保護に関する条約」「文化遺産の意図的破壊に関するユネスコ宣言」採択	
2004	【ICOM】第20回ICOMソウル大会 【COP7】「アケオン指針」採択	
2005	【UNESCO】「文化的表現の多様性の保護及び促進に関する条約」採択 【ヨーロッパ評議会】「文化遺産の社会的価値に関する条約」採択	
2006		日中韓国立博物館長会議発足 アジア美術館長会議発足
2007	【ICOM】第21回ICOMウィーン大会 【国際連合】「先住民族の権利に関する国際連合宣言」採択	アジア国立博物館協会発足
2009		ASPAC（アジア太平洋地域連盟）東京大会
2010	【ICOM】第22回ICOM上海大会	
2012		ICOM日本委員会、「ICOM大会招致検討委員会」を発足
2013	【ICOM】第23回ICOMリオデジャネイロ大会	世界鉄道博物館会議（埼玉）
2014		ICOM諮問委員会、第25回ICOM大会の開催地を京都に決定
2015	【UNESCO】「ミュージアムとコレクションの保存活用、その多様性と社会における役割に関する勧告」採択	ICOFOM及びCIMAM年次大会（つくば、東京）
2016	【ICOM】第24回ICOMミラノ大会 【UNESCO】第1回ユネスコ・ハイレベルミュージアムフォーラムを開催	第8回世界考古学会議（京都）
2017		河野俊行・九州大学大学院教授、ICOMOS会長に就任 第1回世界津波博物館会議（石垣市） 世界科学館サミット（東京）
2018		世界天文コミュニケーション会議（福岡） 世界水族館会議（福島） 第2回世界津波博物館会議（東京） ASPAC九州大会
2019	【ICOM】第25回ICOM京都大会	

reference data

5

ユネスコの略組織図

議決機関	（2年に1回）	**総 会** General Conference	全加盟国および準加盟国の代表者、非加盟国、政府間組織、および非政府組織（NGO）のオブザーバー
執行機関	（年2回）	**執行委員会** Exective Board	選挙によって選ばれる58か国の加盟国代表

（常置）

事務局
Secretariat

（局長、次長、局長官房）

- 教育セクター
  - IOC 事務局
- 自然科学セクター
- 人文・社会科学セクター
- 文化セクター　世界遺産センター含む
  ＊博物館業務を担当
- 情報・コミュニケーションセクター
- 対外関係・広報セクター

地域事務所（全世界に53か所）

227

reference data

6

ICOM の略組織図

議決機関

総　会
General Assembly

ICOM の全会員

執行機関

（年2回以上）

執行役員会
Exective Board

定員10（会長1、諮問会議長1、副会長2、収入役1、委員10）

事務局
Secretariat

（常置）

（局長、補助者若干名）

諮問機関

諮問会議
Advisory Council

定員不確定（国内委員長、国際委員長、地域連盟委員長等）

ICOM
情報センター
ICOM Information
Center

（常置）

（所長、補助者若干名）

地域連盟
Regional Alliance

加盟団体
Affliated
Organisation

専門別に30の
国際委員会
International
Committes

（年1回以上）

国内委員会
National
Committees

（年1回以上）

委員定数、会員定数なし

一般会員はその好むところ
の国際委員会に所属する

作業部会
Working Group

常置委員会
Standing Committes

一般会員

おわりに

2012年にICOM大会誘致の検討を始めた頃、我が国のICOM会員数は、個人・団体あわせてわずか百数十人であった。その後、京都大会の開催が決まり、機運の盛り上がりに比例して会員数は急増し、2019年夏時点で500を超えた。ICOM大会を開催すれば会員が増える傾向は、過去の大会開催国でも同様にみられたことであり、大会終了後に減少の途を辿るのもまた共通である。一方で、大会開催国では、その後もその人脈や経験、ノウハウを生かして関連の国際会議が数多く開催される傾向もみることができる。実際、ICOM京都大会終了後も、国内的には博物館法の改正等が控えており、国際的には翌年に東京オリンピック・パラリンピック競技大会、2025年に日本国際博覧会（大阪・関西万博）があり、2028年には日本博物館協会設立百周年も控えている。

同じ国際NGOであるイコモスが日本で総会を開催する動きもあり、政府が積極的にインバウンドの増加や国際会議の誘致を推進していることを考えれば、ユネスコ博物館勧告に関するフォローアップの国際会議を開催することも、決して夢物語ではないだろう。

問題は、第7章で述べてあるとおり、30年以上にわたってICOMの執行役員に日本から輩出されていないことだが、2017年に河野俊之氏が国際イコモスの会長になったように、博物館界においても国際的に活躍できる人材を育成していかなければならない。近年の政府の博物館政策は、インバウンド対策として多言語化や夜間開館、キャッシュレス化等観光的側面ばかりが強

ICOM京都大会ロゴマーク

調されているが、博物館現場において多言語化に対応できる人材がいないというのが最大の課題である。訪日外国人観光客の増加に対応するために一番必要とされているのは、まずは多言語とりわけ英語で専門的なことも含め解説することができる人材の育成であり、国際会議等において日本文化や日本の研究成果を発信できる高いコミュニケーション能力を有する専門家の確保なのである。博物館を単なる観光・集客施設としか捉えない浅薄な博物館政策は、将来に禍根を残すことになるであろう。そうならないためには、いま一度ユネスコの博物館に関する二つの勧告やICOMの活動を博物館関係者が認識し、国際的な視野に立って政府関係者や財政当局に訴えていくことが必要であろう。

　さらに、本書の中核をなす第3章・第4章を執筆した林が述べているように、2015年ユネスコ博物館勧告の各国レポートはICOM京都大会終了後の2019年11月に公表される予定であり、当然ながら大会終了後の成果や課題については本書では述べられていない。そのことは、第7章で栗原が述べたICOM京都大会の成果についても同様である。博物館関係者の御関心と理解を得ることができれば、ぜひ将来的には本書の改訂版もしくは続篇も刊行したいと考えており、本書に対する積極的な御感想や御叱責等もお寄せいただければ幸いである。

2019年9月

執筆者一同

執筆者紹介

栗原祐司 （くりはら・ゆうじ）

京都国立博物館副館長

1989 年上智大学法学部卒業、同年文部省（現文部科学省）入省。ニューヨーク日本
人学校国際交流ディレクター、文部科学省社会教育課企画官、文化庁美術学芸課長、
東京国立博物館総務部長、国立文化財機構事務局長等勤務を経て、2016 年 10 月より
現職。

日本博物館協会理事、ICOM 日本委員会理事、ICOM-ASPAC 副委員長、ICOM 京
都大会組織委員会運営委員長、日本展示学会副会長、全日本博物館学会役員、日本
ミュージアム・マネージメント学会理事、國學院大學大学院非常勤講師、観光庁
MICE アンバサダー等。

◎主な著書

『美術館政策論』（共著、晃洋書房、1998）

『海外で育つ子どもの心理と教育－異文化適応と発達の支援』（共著、金子書房、2006）

『ミュージアム・フリーク in アメリカ』（雄山閣、2009） など

林　菜央 （はやし・なお）

ユネスコ世界遺産センター・世界遺産条約専門官

上智大学、東京大学大学院、ソルボンヌ大学、パリ高等師範学校で古代ローマ史（帝
政期属州における東方起源宗教の伝播）を、ロンドン大学アフリカ東方学院で持続的
開発論を学ぶ。1998 年より在仏日本大使館に文化アタッシェ（専門調査員）として勤
務後、2002 年ユネスコ文化局文化遺産部に競争試験により採用。世界遺産センター、
カンボジア事務所を経て 2007 年よりミュージアム関連業務担当、2014 年より専任主
任となる。2018 年より現職。

アジア、アフリカ、中近東の開発途上国における世界遺産保全修復及びミュージア
ム支援事業に多数関わる。2015 年にユネスコ総会で採択されたミュージアムに関す
る国際勧告の起草から採択までのプロセスを担当。勧告の執行を奨励するため 2016
年に設立されたユネスコハイレベルミュージアムフォーラムの初代コミッショナー
を務め、加盟国に対する幅広い政策支援を行っている。

フランス国立移民博物館運営組織会メンバー。

◎主な著書・論文

Cooperation between UNESCO and Japan in the Safeguarding of Cultural Heritage, *Museum
International*, vol 56, issue 4, 2004

Proceedings of the Nara Conference on the Safeguarding of Tangible and Intangible Cultural Heritage, 2006
（ed.）

Running a Museum-UNESCO/ICOM Museum Management Manual（exists in more than seven
languages - chief editor since 2007）

UNESCO Cultural Heritage Protection Handbooks Collections（exists in more than dozen local languages - chief editor since 2007）

Handling of Collections in Storage, Cultural Heritage Protection Handbook, vol 5, 2010（ed.）

Community-based approaches in developing museums in Asia and the Pacific, 2011（ed.）

Common Heritage: A Museological and Educational Approach to the Dialogue of Cultures and Civilizations: National Museum of Syria and Nubia Museum of Aswan（Exhibition catalogues）, 2011（ed.）

Securing heritage of religious interest, Cultural Heritage Protection Handbook, vol 5, 2012（ed.）

Culture in the Post-2015 Sustainable Development Agenda, background paper for the Hangzhou International Congress, 2013

Culture: An Enabler of Environmental Sustainability, background paper for the Hangzhou International Congress, 2013

Museums and World Heritage Sites: New Paths to Shared History, in *Museum International*, vol.257-250, 2015

Our Common Heritage: Exploring World Heritage Sites of Cambodia, Laos and Viet Nam（exhibition catalogue）, 2015 in English, Khmer, and Vietnamese

Révitaliser les musées de sites du Patrimoine mondial de l'UNESCO, in *Arts du Vietnam: Nouvelles Approches*, Presses universitaire de Rennes, 2015

Adoption of the New UNESCO Recommendation on Museums and Collections, their Diversity and their Role in Society, in Museum Studies（in Japanese）, 2016

Heritage under Threat: Emergency Evacuation of Collections, 2016（ed.）

Heritage and Conflict Situations: The Role of the International Heritage Community and National Agents, in *Museum international*, vol. 265-268, 2016

UNESCO'S Actions and International Standards concerning Museums, in Museums, Ethics and Cultural Heritage, Routeledge, 2016（co-authoring with Mechtild Rössler）. UNESCO High Level Forum on Museums - launch and outcomes, in *Museum Studies*（in Japanese）, 2017

World Heritage Sites and Museums – pact for sustaining heritage and diversity, *World Heritage Review* n° 83, April 2017　など

井上由佳（いのうえ・ゆか）

明治大学文学部専任准教授

慶應義塾大学総合政策学部卒業、ロンドン大学ゴールドスミスカレッジ教育学修士号取得、2005 年ロンドン大学 IOE-UCL（教育学研究所）教育学博士号取得、国立歴史民俗博物館研究支援推進員、立正大学文学部非常勤講師、文教大学国際学部准教授を経て、2019 年 4 月より現職。

専門分野は博物館学、博物館教育学、国際理解教育学

ICOM-ICTOP（博物館人材養成国際委員会）Liason-Board Member、全日本博物館学会役員、せとうち美術館ネットワーク・アドバイザー等。

◎主な著書・論文

『世界と未来への架橋』（共著、創成社、2017）

『人間の発達と博物館学の課題：新時代の博物館経営と教育を考える』（共著、同成社、2015）

『私たちの国際学の「学び」』（共著、新評論、2015）

『博物館の理論と教育』（共著、朝倉書店、2014）

「博物館学芸員養成教育を担当する教員の現状に関する考察」『國學院大學博物館學紀要』42

（共著、國學院大學博物館學講座、2017、pp.11-23）

「国立歴史民俗博物館第 3 展示室リニューアルに伴う試行展示とその評価に関する考察」『国立歴史民俗博物館研究報告』150（共著、国立歴史民俗博物館、2009、pp.149-178）

「歴史系博物館における子どもの学びの評価：事前・事後調査を中心に」『博物館学雑誌』31－2（共著、全日本博物館学会、2006、pp.75-99）

「パブリック・プログラムのマネージメント：英国のテート・ギャラリーを事例に」『日本ミュージアムマネージメント学会紀要』10（共著、日本ミュージアムマネージメント学会、（2006、pp.33-40）

「Museum Education and International Understanding: Representation of Japan at the British Museum」Ph.D. Dissertation, University of London（U.K.）、2005　など

青木　豊（あおき・ゆたか）

國學院大學文学部教授

1951 年和歌山県橋本市生まれ。國學院大學文学部史学科考古学専攻卒業。

博士（歴史学）。

◎主な著書

『博物館技術学』『博物館映像展示論』『博物館展示の研究』『集客力を高める 博物館展示論』（以上単著）、『史跡整備と博物館』『明治期 博物館学基本文献集成』『人文系博物館資料論』『人文系博物館資料保存論』『人文系博物館展示論』『神社博物館事典』『棚橋源太郎 博物館学基本文献集成　上・下』（以上編著）、『博物館学人物史　⊕・⊖』『大正・昭和前期 博物館学基本文献集成　上・下』『博物館学史研究事典』『博物館と観光―社会資源としての博物館論―』『中国博物館学 序論』（以上共編著）、『博物館ハンドブック』『新版博物館学講座 1　博物館学概論』『新版博物館学講座 5　博物館資料論』『新版博物館学講座 9　博物館展示論』『新版博物館学講座 12　博物館経営論』『日本基層文化論叢』『博物館危機の時代』（以上共著）、以上雄山閣、『和鏡の文化史』（単著、刀水書房）、『柄鏡大鑑』（共編著、ジャパン通信社）、『博物館学Ⅰ』（共著、学文社）、『新編博物館概論』（共著、同成社）、『地域を活かす遺跡と博物館―遺跡博物館のいま―』（共編、同成社）、『観光資源としての博物館』（共編、芙蓉書房出版）ほか論文多数

2019年8月25日　初版発行　《検印省略》

ユネスコと博物館

著　者　栗原祐司・林　菜央・井上由佳・青木　豊

発行者　宮田哲男

発行所　株式会社 雄山閣
　　　　〒102-0071　東京都千代田区富士見 2-6-9
　　　　TEL　03-3262-3231 / FAX　03-3262-6938
　　　　URL　http://www.yuzankaku.co.jp
　　　　e-mail　info@yuzankaku.co.jp
　　　　振 替：00130-5-1685

印刷・製本　株式会社ティーケー出版印刷

©Yuji Kurihara, Nao Hayashi, Yuka Inoue and Yutaka Aoki 2019
Printed in Japan
ISBN978-4-639-02673-0　C0030
N.D.C.069　242p　19cm